군주론

강한 국가를 위한 냉혹한 통치론

e시대의 절대사상

군주론

강한 국가를 위한 냉혹한 통치론

| 강정인 · 엄관용 | 마키아벨리 |

살림

*e*시대의 절대사상을 펴내며

고전을 읽고, 고전을 이해한다는 것은 비로소 교양인이 되었다는 뜻일 것입니다. 또한 수십 세기를 거쳐 형성되어 온 인류의 지적유산을 제대로 이해하고, 그 바탕 위에서 새로운 자기만의 일을 개척할 때, 그 사람은 그 방면의 전문가가 될 수 있을 것입니다. 프랑스의 대입제도 바칼로레아에서 고전을 중요하게 취급하는 까닭도 그와 같은 이유 때문이겠지요.

그러나 예전에도, 현재에도 고전은 유령처럼 우리 주위를 떠돌기만 했습니다. 막상 고전이라는 텍스트를 펼치면 방대한 분량과 난해한 용어들로 인해 그 내용을 향유하지 못하고 항상 마음의 부담만 갖게 됩니다. 게다가 지금 우리는 고전을 읽기에 더 악화된 시대를 살고 있습니다. 변하지 않고 있는 교육제도와 새 미디어의 홍수가 우리를 그렇게 만들고 있는 것입니다.

고전을 읽어야 하지만, 읽기 힘든 것이 현실이라면, 고전에 친근하게 다가갈 수 있는 새로운 방법을 응당 고민해야 하지 않을까요? 살림출판사의 *e*시대의 절대사상은 이러한 문제의식을 가지고 기획되었습니다. 고전에 대한 지나친 경외심을 버리고, '아무도 읽지 않는 게 고전' 이라는 자조를 함께 버리면서 지금 이 시대에 맞는 현대적 감각의 고전을 만들고자 했습니다.

    고전의 내용이 지나치게 주관적으로 해석되어 전달되는 위험을 피할 수 있도록 그 분야에 대해 가장 정통하면서도 오랜 연구 업적을 쌓은 학자들이 자신의 경험을 응축시켜 새로운 고전에의 길을 열고자 했습니다. 마치 한 편의 잘 짜여진 다큐멘터리 프로그램을 보듯 고전이 탄생할 수 있었던 시대적 배경과 작가의 주변 환경, 그리고 고전에 담긴 지혜를 재미있게 습득할 수 있도록 내용을 구성했고 난해한 전문용어나 개념어들은 최대한 알기 쉽게 설명했습니다.

    이전에 경험하지 못했던 새로운 감각의 고전 *e*시대의 절대사상은 지적욕구로 가득 찬 대학생 · 대학원생들과 교사들, 학창시절 깊이 있고 폭넓은 교양을 착실하게 쌓고자 하는 청소년들, 그리고 이 시대의 리더를 꿈꾸는 모든 사람들에게 생생하게 살아 숨쉬는 인류 최고의 지혜를 전달할 것이라고 확신합니다.

기획위원

서강대학교 철학과교수 강영안

이화여자대학교 중문과교수 정재서

강한 국가를 위한 냉혹한 통치론

군주론

Il principe

2부 본문

강한 국가를 위한 냉혹한 통치론

군주론

1부

시대 · 작가 · 사상

Machiavelli

마키아벨리는 르네상스 이래 전개되어 온 중세 유럽의 세속화 경향을 정치 영역에서 철저히 추구하여 서양 정치 사상사에서 근대의 기원을 열었다. 그는 정치 행위가 종교적 규율이나 도덕적 가치로부터 자유로워야 한다고 주장함으로써, 사상적으로는 현실주의 정치 사상을 역설하고 정치적으로는 당시 대두하고 있던 중앙집권화된 근대국가의 정당성을 옹호하였다. 그가 생각한 마키아벨리즘이란 공익, 국가의 이익을 위해서는 수단의 도덕적 선악에 관계 없이 효율성과 유용성만을 고려해야 한다는 것이다.

1장

『군주론』을 만나다

마키아벨리는 마키아벨리주의자인가?

『군주론』을 통해 니콜로 마키아벨리(Niccolò Machiavelli ; 1469~1527)가 근대 유럽의 정치 사상사에 남긴 탁월한 공적은, 정치 영역이 윤리나 종교 등 다른 영역과 구분된다는 점을 명료하게 밝힌 점이다. 나아가 정치 행위가 종교적 규율이나 도덕적 가치로부터 자유로워야 한다고 명시적으로 주장함으로써, 사상적으로는 현실주의 정치 사상을 역설하고 정치적으로는 당시 대두하고 있던 중앙집권화된 근대국가─절대왕정의 형태로 등장한─의 정당성을 옹호한 점도 그의 빼놓을 수 없는 공적이다. 즉, 마키아벨리는 르네상스 이래 전개되어 온 중세 유럽의 세속화 경향을 정치 영역에서 철저히 추구하고 관철시키고자 함으로써 서양 정치 사상사에서 근대의 기원을 열었던 것이다.

그러나 '마키아벨리'라는 이
름은 지금까지 정치 영역에서
'교활함', '이중인격', '불신의
대명사'가 되어 왔다. 셰익스
피어(Shakespeare)가 '잔혹한
마키아벨리'로 불렸듯이, 그
는 도덕주의자들, 보수주의자
들, 혁명가들 모두에게 증오와

마키아벨리 초상.

경멸의 대상이 되어 왔다. 프랑스 혁명 당시 영국의 정치가이
자 보수주의 사상가인 에드먼드 버크(Edmund Burke)는 『프
랑스 혁명에 대한 성찰』에서 프랑스 혁명의 민주적 폭정이 기
초로 하고 있는 것은 바로 '마키아벨리적 정책의 가증스러운
격언'들이라고 비난했다. 마르크스와 엥겔스도 그에 못지않
은 격렬한 태도로 마키아벨리주의를 비난했는데, 마키아벨
리적 정책의 진정한 주창자는 혁명적 격변기의 와중에서 민
주적인 활동을 마비시키고자 하는 반혁명 집단들이라고 주
장했다. 결론적으로 보수주의자와 마르크스주의자 양측이
합의한 점은 마키아벨리주의의 해악이 정치생활의 윤리적
기초에 가장 커다란 위협이 된다는 것이다(스키너 1993, 38).

마키아벨리의 이름에는 너무나 많은 악명이 쌓여서 '마키아벨리주의자' 라는 호칭은 아직도 심각한 비난의 의미를 띠고 있다. 예를 들어, 1972년에 미국의 헨리 키신저(Henry Kissenger)가 어느 인터뷰에서 대통령 보좌관으로서 자신의 활동에 대해 설명했을 때, 그와 대담한 사람이 다음과 같은 질문을 던졌다. "당신 말을 듣고 있노라면 때때로 당신이 얼마나 대통령에게 영향을 미쳤는가보다는 얼마만큼 당신이 마키아벨리의 영향을 받았는지 궁금하게 만드는군요." 물론 키신저는 이 질문을 극력 부정하였다(스키너 1993, 38~39).

그러나 사실 대담자의 질문은, 우리가 종종 던지는 많은 질문이 그렇듯이 어리석은 질문의 표본이라 할 수 있다. 키신저의 경우, 그가 진정한 마키아벨리주의자라면, 뒤의 설명에서 나오듯이, 마키아벨리 사상의 원칙에 따라 자신을 위장하기 위해 그 질문을 너무나 진지하게 부정했어야 했을 것이다. 마키아벨리주의자가 아닌 경우에도, 당연히 부정했어야 할 것이다. 마키아벨리주의자이건 아니건, 어느 경우에나 '아니다' 라는 부정적인 답변이 나올 수밖에 없었던 상황인 셈이다.

한국 정치와 학계의 흥미로운 관행 때문에 나도 정치학 교수로서 학생들로부터 속을 떠보는, 이와 비슷한 질문을 받곤 한다. "교수님 혹시 정치에 나가실 겁니까?" 질문의 정확한 의도는 잘 모르겠지만, '선생님 같으신 분은 안 나갔으면 하는' 그런 눈초리이다. (정말로 그럴까? 내게 무얼 떠보려는 것일까?) 그러나 이 질문도 우리가 자주 던지는 우문(愚問) 가운데 하나이다. 내가 진심으로 정치에 진출할 생각이 있어도 또는 그런 생각이 전혀 없어도, 어느 경우에나 답변은 '아니다'로 나와야 할 것이 명백하기 때문이다. 전자의 경우에도, 내가 진정으로 정치에 나갈 생각이 있다면, 내가 원하는 때에 최적의 조건에서 나가기 위해 일단 연막전술을 펴고 가급적 마지막 순간까지 딴청을 피워야 할 것이다. 사실 주변에서 이렇게 부정한 후 정계에 나가는 교수들을 많이 보아왔으며, 그렇기 때문에 말을 바꾸었다고 이들을 나무랄 생각은 없다. 만약 그 정도의 연기조차 할 능력이나 의사가 없다면, 차라리 정계에 진출할 생각을 아예 단념하는 것이 나을 것이다. 어쩌다 진출한다고 해도 현실정치에서는 성공하지 못할 것이 뻔하니까.

서양에서뿐만 아니라 한국사회에서도 많은 사람들이 '마키아벨리' 하면 으레 '마키아벨리즘(마키아벨리주의)'을 떠올린다. 이 경우 마키아벨리즘은 흔히 이기적이고 교활하고 도덕적으로 잘못된 행위를 정당화하는 관념체계를 지칭한다. 그러나 학문적으로 마키아벨리즘의 개념은 대략 세 가지 의미로 나누어 이해할 수 있다. 첫째, 마키아벨리즘은 무엇보다 공익, 특히 국가 이익을 위해서는 수단의 도덕적 선악에 관계

없이 다만 효율성과 유용성만을 고려하는 마키아벨리 자신의 정치 사상을 지칭한다. 둘째, 대부분의 사람들이 일반적으로 받아들이는 관념으로서 마키아벨리즘은 정치적 행위자들이 공익을 도외시하면서 수단 · 방법을 가리지 않고 자기 자신이나 파당의 이익만을 추구하는 정치적 관행을 지칭한다. 셋째, 가장 광범위한 의미에서 마키아벨리즘은 정치라는 범주를 떠나 일상생활에서 자기 자신의 이익을 위해 거리낌 없이 남을 희생시키는 처세방식을 가리킨다(곽차섭 1994, 216).

이 세 가지 가운데 통상적으로 일반인들이 사용하는 마키아벨리즘의 의미는 세 번째 경우에 해당하는 경우가 많다. 그러나 첫째 의미의 마키아벨리즘이 마키아벨리 본래의 정치 사상에 가장 충실한 것이라 할 수 있다. 마키아벨리 사상의 이러한 측면은 자주 인용되는 『로마사 논고』의 다음 구절에 단적으로 표현되어 있다.

……절대적으로 자기 조국의 안전이 걸린 문제일 때, 정당한 것인가 정당하지 않은 것인가, 자비로운 것인가 잔혹한 것인가, 칭찬을 받을 만한 가치가 있는 것인가 치욕스러운 것인가 하는 것은 전적으로 고려할 필요가 없다. 그 대신 모든 양심의 가책을 제쳐놓고 인간은 모름지기 어떤 계획이든, 조국의 생존과 자유를 유지하는 계획을 최대한 따라야 한다(『로마사 논고』, 563).[1]

이처럼 마키아벨리 자신이 의도하였고 정치 사상적으로도 가장 적절한 의미에서의 마키아벨리즘은 정치적 효율성과 유용성을 언제나 '국가이익의 추구'라는 목적과 '정치'라는 영역 내에서만 추구하는 데 반해, 두 번째와 세 번째의 의미는 각각 국가 이익과 정치라는 경계를 벗어나서도 존재한다(곽차섭 1994, 216)는 점에서 큰 차이가 있다.

이상의 구분과 관련하여 강조할 점은 두 번째 의미에서의 마키아벨리즘이 건강한 정치공동체가 타락한 결과 나타나는 정치적 부패의 일환이며, 마키아벨리가 가장 비난해마지 않았던 정치 현상이라는 것이다. 따라서 마키아벨리 본연의 정치 사상과는 전적으로 거리가 멀다고 할 수 있다. 그러나 첫 번째 의미의 마키아벨리즘, 곧 마키아벨리 본연의 정치 사상이 두 번째 의미의 마키아벨리즘으로 쉽게 변질될 수 있기 때문에, 양자 사이의 차이를 쉽게 구분할 수 없게 되는 것은 결코 우연이 아니다.

왜냐하면 상이한 이념·의견·이해 관계가 충돌하는 그리고 불확실하고 유동적인 정치상황에서 '공익'과 '파당의 이익'이 주관적으로나 객관적으로나 항상 명쾌하게 구분되는 것은 아닌 데다가 이러한 모호성을 근거로 하여 정치 행위자들이 정치적 갈등(논쟁과 투쟁)의 상황에서 적대자들을 국익이나 공익이 아니라 사사로운 이익을 추구하는 파당적 집단이라고 비난하는 것은 종종 발생하는 일이기 때문이다.

또한 정치적 부패의 주된 특징 중 하나는 공적(정치) 영역과 사적 영역의 구분이 무너지고 양자 사이에 혼동이 초래되는 상황으로 발전(?)하는 것이다. 그러한 상황에서 두 번째 의미의 마키아벨리즘이 그 경계를 넘어 사적 영역에 침투하여 일반화될 때, 세 번째 의미의 마키아벨리즘이 사적 영역에 만연하며, 그 결과 정치는 물론 사회 전체가 총체적 부패—예를 들어 가장 친밀한 가족이나 친구마저도 신뢰할 수 없는 상황—의 늪에 빠지게 된다. 이 같은 총체적 부패에 직면한 사회는 이미 그 자정능력(自淨能力)을 상실한 사회라고 할 수 있다.

지금까지의 논의를 정리해 보면, 첫 번째 유형의 마키아벨리즘이 마키아벨리 본연의 정치 사상을 의미한다. 그러나 종국적으로 세 가지 유형의 마키아벨리즘은 현실에서 긴밀하고 복잡하게 서로 얽혀 있기 때문에 엄밀하게 구분하기가 매우 어렵다.

마키아벨리와의 만남 1

　나에겐 마키아벨리에게 항상 감사하는 개인적인 체험이 있다. 그것은 학문적 삶과 그 외로움에 대한 마키아벨리의 고백이 미국유학 중에 깊은 위로가 되었으며, 귀국한 후에도 연구실에서 외로움을 달래는 데 커다란 힘이 되고 있다는 사실이다.

　미국의 버클리 대학에서 보낸 8년의 유학생활 중 가장 외로웠던 때는 겨울방학, 특히 연말연시를 전후로 한 시기였다. 방학과 더불어 다정하게 지냈던 많은 학생들과 룸메이트들이 부모와 친척을 찾아 뿔뿔이 흩어지고 나면, 대학도시가 흔히 그렇듯이 학교 캠퍼스는 물론 심지어 시 전체가 텅 빈 느낌이 들곤 했었다. 연말이 되어 도서관마저 문을 닫은 날에는 가깝게 지내던 한국인 룸메이트마저 떠난 허전한 아파트에서 홀로 웅크리고 앉아 책을 읽거나 논문을 쓰곤 했다.

또 어쩌다가 부슬비가 을씨년스럽게 출싹거리는 겨울날, 캠퍼스를 휘젓고 돌아다니다가 밤이 이슥해 돌아오면 어둠이 물씬 묻어 나오는 아파트 안에는 진한 외로움이 도사리고 있었다. 그 어둠과 외로움을 몰아내기 위해 비좁은 아파트 곳곳에 불을 밝히고 낡은 전축에 바흐의 쳄발로 협주곡을 올려놓곤 했다. 빛의 물결 위에 쳄발로의 소리방울이 파문을 일으키며 아파트의 휑한 공간에 번져 나갈 때 침대에 누워 덧없이 허공을 응시하곤 했었다. 절대적인 신의 세계의 무한한 질서를 영구적인 순환의 화성으로 뿜어대는 쳄발로의 소리방울은 바깥의 을씨년스런 겨울비를 내 영혼의 외로움을 촉촉이 적셔주는 따스한 겨울비로 변화시키곤 했다. 그러다 어느덧 외로움은 극복하거나 잊어야 하는 것이 아니라, 더불어 즐길 수 있는 무언가로 문득 그 모습을 드러냈다. 외로움은 진리의 빛을 좇는 활동에 숙명처럼 따라다니는 친숙한 그림자로서 방황의 날개를 접고 고즈넉하게 내 옆에 나란히 눕곤 했다.

이러한 외로움 속에서 언제부턴가 나는 서양 정치 사상가들의 저작을 읽는 행위를 직접 사상가들을 만나 대화를 나누는 행위로 대체하기 시작했다. 가령 마키아벨리의 『로마사논고』나 아리스토텔레스의 『정치학』을 읽다 보면 때로는 고전을 읽고 해득하는 기쁨보다 지루하고 따분한 권태가 찾아들기도 했다. '내가 왜 이러한 책들을 읽어야 하는가?', '이러한 책들이 현재의 세계와 나아가 한국의 정치 현실을 이해하는 데 과연 얼마나 도움이 되는가?' 등 자기회의가 끊임없이 나의 지친 영혼을 잠식하기도 하였다. 그럴 때면 권태와 지루함을 잊기 위해서 나는 그들이 나를 방문한다고 생각하기 시작한 것이다. 토요일은 루소와 함께, 일요일은 마키아벨리와 함께, 월요일은 플라톤과 함께 등, 그들이 나의 아파트에 찾아와 나와 대담을 하는 것으로 생각하는 환상 속에서 문자화된 고전을 읽는 지루하고 딱딱한 분위기를 쇄신하고자 했다. 이러한 환상 속에서 때로는 현실에서 다른 사람들의 초대나 방문을 '약속이 있다'는 이유로 거절하곤 했다.

하지만 나도 모르게 저절로 생겨난 듯한 이러한 환상은 실상 『군주론』을 집필한 후 마키아벨리가 친구에게 쓴 서한의 한 구절을 읽고 난 후 은연중에 되새김질한 것이었으리라.

저녁에는 집에 돌아와 서재에 들어간다. 들어가기 전에 나는 하루 종일 입었던 진흙과 먼지가 묻은 옷을 벗고 궁정에서 입는 옷으로 정장을 한다. 그렇게 적절히 단장을 한 후, 옛 선조들의 궁정에 들어가면 그들은 나를 반긴다. 그리고 거기에서 나만의, 그 때문에 내가 태어난 음식을 먹는다. 나는 그들과 얘기하는 것을 주저하지 않으며, 그들의 행적에 대해서 궁금한 것이 있으면 그 이유를 캐묻는다. 그들은 정중하게 답변을 한다. 네 시간 동안 거의 지루함을 느끼지 않으며, 모든 근심과 가난의 두려움을 잊는다. 죽음도 더 이상 나를 두렵게 하지 않는다. 나 자신을 완전히 선조들에게 맡긴다.

우리가 읽은 것을 기록해 놓지 않으면 지식이란 있을 수 없다고 단테가 말했기 때문에, 나는 그들과 대화를 통해 얻은 성과를 기록해서 『군주국에 관하여』라는 소책자를 썼다(『군주론』 「부록 1」, 187~188).

이 구절은 한편 소름끼치는 얘기다. 죽은 유령을 서재에 불러 대화를 한다는 것으로 일종의 '신들린 것'이라 할 수도 있기 때문이다. 나아가 정치에서 소외된 외로움에 지친 지식인의 관념적 유희의 산물이라고 할 수도 있다. 하지만 동시에 일종의 사고의 실험(thought experiment)이라 할 수도 있다. 마키아벨리는 공직을 떠난 칩거생활의 외로움을 로마시대의 고전을 읽음으로써 잊고자 했던 것으로 보인다. 그리고 그는 그러한 고전에 고대인들이 남긴 선례와 교훈을 당대의 피렌체 상황에 비추어가며 음미했음이 분명하다.

마키아벨리와 전혀 다른 시대 상황에서 전혀 상이한 이유로—그러나 나도 한때 박정희 유신정권의 망명객을 자처하기도 했다—서양 정치 사상에 대한 고전을 대하게 되었지만, 위 구절에 배어 있는 마키아벨리의 외로움을 학문 활동에 따르는 외로움으로 되풀이하고 그 외로움에 친숙해지고자 노력했다. 정치란 무엇인가? 정치 사상이란 무엇인가? 민주주의란 과연 무엇인가? 한국적 정치 상황에서 마키아벨리가 할 수 있는 이야기는 무엇인가? 루소가 할 수 있는 이야기란 과연 무엇인가? 마르크스는 과연 무슨 반응을 보일 것인가? 이런 생각을 하면서 텅 빈 아파트에 웅크리고 앉아 딱딱한 사상서를 읽는 동안 엄습하는 외로움과 친해지고자 노력했다. 이 점에서 항상 외로움의 동지가 되어준 마키아벨리에게 고마움을 느끼고 있다.

마키아벨리와의 만남 2

마키아벨리의 『군주론』을 처음으로 대하는 독자는 거기에 나온 마키아벨리의 많은 조언들을 충격적으로 받아들이게 된다. 마키아벨리에게는 도덕과 종교가 정치의 중요한 요소이기는 하나 단순히 정치의 목적을 실현하기 위해 필요하거나 무시할 수 있는 수단에 불과하기 때문이다.

만약 군주가 국가를 유지하길 원한다면 그는 종종 악행을 저지르도록 강요된다.

군주는 종종 신앙에 반하여, 자선에 반하여, 인류에 반하여, 종교에 반하여 행동해야 하는 것을 발견하게 될 것이다.

군주는 잔인하다는 악평쯤은 개의치 말아야 한다.

선행은 될수록 천천히 자신의 이름으로 베풀고, 악행은 가급적 부하의 이름으로 또는 재빨리 저지르는 것이 낫다.

인간이란 어버이의 죽음은 쉽게 잊을 수 있어도 자기 재산의 손실은 여간해서 잊기 어려운 법이다.

마키아벨리가 군주에게 제시한 이러한 조언과 관찰은 군주나 정치가가 권력을 획득 · 유지 · 확장하기 위해 취해야 할 행동원칙을 요약 · 제시한 것이다. 그러나 이 중 상당수의 항목은 우리가 일상생활—마키아벨리가 전제한 상황과 다른—에서 의식적이건 무의식적이건 어느 정도 수준에서 실천에 옮기고 있는 행위가 아닌지를 스스로 반문하게 만드는 것들이다. 어쩌면 우리 모두의 마음 속에는 '작은 마키아벨리'가 자리잡고 들어앉아서, 여러 가지 행위를 할 때마다 속삭이고 있는지도 모른다.

대학의 교수로서 학생들을 상대할 때, 남자로서 여자를 대할 때, 일상생활에서 나의 이득이나 권력을 추구할 때, 이 '작은 마키아벨리'는 나의 목적을 달성하기 위한 최선의

마키아벨리 동상.

수단이 무엇인지를 나직이 나의 귓전에서 속삭이곤 한다. 때로는 그의 유혹에 굴복하여 그의 조언을 따를 때도 있고, 때로는 나 자신이 손해를 보더라도 지켜야 할 원리나 원칙에 따라 그의 유혹을 뿌리칠 때도 있다. 그리고 전자의 경우에는 남 앞에서 쉽게 밝히지 않는 반면에, 후자의 경우에는 떠벌리는 경향이 있다. 이것도 마키아벨리의 조언에 따른 것일까? 거의 본능에 가까운 처신이라면 마키아벨리적 조언은 우리의 본능에 각인되어 있는 것은 아닐까?

하지만 일상생활에서 마키아벨리식의 조언을 따를 것인가 아닌가를 결정하는 문제는 결코 쉽지 않다. 가령 '군주는 사랑을 받는 것보다는 두려움의 대상이 되는 것이 낫다'라는 구절이 있다. 이 조언은 인간이란 이기적이기 때문에 군주가 자신의 통치를 효과적으로 유지하기 위해서는 신민들에게 무섭게 보이는 것이 사랑을 받는 것보다 낫다는 의미를 담고 있다. 우리의 일상생활에서도 인간들이 사랑하는 사람은 쉽게 배반하거나 가볍게 여기는 반면, 두려워하는 사람은 어렵게 여기고 그 사람의 뜻을 존중하는 경우를 빈번히 목도하곤 한다.

따라서 이 조언은 원래 군주에 대한 것이지만, 일상생활의 인간관계에도 폭넓게 적용될 수 있으며 동시에 상당히 복잡한 문제를 불러일으킨다. 가령 교수로서 학생들을 대하는 경우에 적용해 보자. 학생들에게 과제물을 일정한 기한까지 내야 한다고 말하면서, 늦게 내는 학생은 이유 여하를 막론하고 학점을 감점하거나 F 학점을 주겠다는 엄포를 놓을 때와 그러한 벌칙조항에 대해서는 언급하지 않고 부드럽게 이야기할 때 나타나는 결과를 비교해 보면, 과제물이 마감시간 내에 제출되는 비율에는 일반적으로 상당한 차이가 있다. 이 경우에 교수로서 나는 어떠한 태도를 취해야 할 것인가? 전자에 해당하는 마키아벨리식의 태도를 취할 것인가? 아니면 관대하고 인자한 후자의 태도를 취할 것인가?

마키아벨리식의 충고를 따를 경우 나는 마키아벨리의 인간관―인간은 악하고 이기적이다―을 학생들에게 적용하는 것은 아닌가? 그러한 태도는 교육자로서 온당한 태도인가? 인간관에 관해 마키아벨리식의 가정을 하고 학생들을 다루는 것이 결과적으로 학생들의 인격을 그러한 방향으로 형성하는 데 일조하는 것은 아닌가? 아니면 후자의 태도를 취할 것인가? 그러나 교수가 부드럽고 관대하게 보이면 그로 인해 학생들에게 사랑을 받을는지 모르지만, 대신 효과적으로 학사업무를 관리하기 어려울 때가 적지 않을 것이다. 그리하여 학생들의 과제물 제출이 늦어져 학점제출 기한까지 학점을 내지 못해서 학교당국의 행정업무나 내 개인적인 일정에 차질을 가져오는 경우에는 어떻게 할 것인가? 또한 다른 동료 교수의 학생들에 대한 태도와 대비하여 나의 태도는 어떠한 균형과 차별성을 유지해야 할 것인가?

예를 들어, 학생들은 엄격한 교수가 제시한 제출기한은 벌칙이 두려워 잘 지키지만, 관대한 교수의 기한은 잘 지키지 않는 경향이 있다. 다른 한편, 학사업무와 개인적인 일정에 차질이 있더라도 너그럽고 관대한 태도를 유지하는 것이 학생들로부터 신망을 받기 위한 위장이라면, 이 또한 실상은 마키아벨리적 처세술이라고 할 수 있지 않겠는가? 이처럼 과제물 제출기한에 대한 교수의 태도를 결정하는 문제도 일견 사소하고 간단한 문제 같지만 생각을 거듭할수록 '정치와 교육은 어떤 차별성과 공통성을 가지는가?'에서부터 '인간은 무엇인가?'에 이르기까지 상당히 근본적이고 복잡한 문제를 담고 있음을 알 수 있다.

이처럼 마키아벨리가 군주를 위해 제시한 조언과 관찰은 정치 영역에서뿐만 아니라 일상생활에서도 광범위하게 적용되고 반복되는 것을 보게 된다. 그러나 정치의 목적과 일상생활의 목표는 서로 비슷하기도 하고 다르기도 하기 때문에, 그것이 적용된 결과와 의미는 두 영역에서 복잡하고 상이한 편차를 지닐 수밖에 없을 것이다.

2장

마키아벨리와
그의 시대

마키아벨리 당시의 정치적 상황

마키아벨리가 살았던 15세기 후반의 유럽은 중세적 질서의 관념, 곧 정신적으로는 로마 교황에 의해, 정치적으로는 신성로마 황제에 의해 지도를 받던 보편적 공동체의 관념이 와해되어 가는 시기였다. 이제 국가들은 점점 자국의 운명이 그들 자신의 손 안에 있으며 순전히 민족적 이해관계에 따라 자국과 자국민의 운명이 좌우될 수 있다는 점을 각성해 가고 있었다(헤일 1990, 38).

그 결과 서유럽의 거의 모든 지역에서 군주의 권력은 귀족과 승려 계급, 의회, 자치시 등 경쟁관계에 있던 중세적이거나 지방적인 권력과 제도를 희생시키면서 빠른 속도로 성장하였다. 보편적 교회와 보편적 제국의 관념에도 불구하고 봉건적 귀족과 승려 및 중세적 단체들에 널리 분산되어 있던 정치권력은 중앙집권화를 추구하던 왕의 수중에 집중되어 갔다. 신이 부여했다고 주장되었던 교황과 신성로마 황제의 권위와 권력을 이제는 군주들이 자기 몫으로 요구하기 시작하였고, 이러한 관념은 후일 절대군주정의 확립과 더불어 왕권신수설로 발전하게 된다(세이빈·솔슨 1997, 511~512).

아울러 '신대륙의 발견' 및 생산력의 발전과 더불어 무역과 상품유통이 지방적 차원을 넘어 국제적으로 활성화됨에 따라 이를 규제하고 장려하는 역할이 필요하게 되었다. 이는 중세적 상업 질서를 주도했던 자치도시보다는 훨씬 큰 규모의 정부를 불가피하게 요구했고, 종국적으로 군주들이 그 역할을 떠맡게 되었다. 따라서 16세기에 이르면 모든 왕의 정부는 국가 내의 물적·인적 자원을 개발·동원하고 국내외의 교역을 장려하면서 민족적 힘을 신장시키려는 정책을 의식적으로 채택하게 되었다.

그리고 새롭게 출현한 신흥 상인계급은 중세 군주의 권한을 제한하던 각종 규제와 제약을 폐지함으로써 자신들의 이해관계와 일치하는 방향으로 군주 권력을 강화하는 것을 적극적으로 지지하였다(세이빈·솔슨 1997, 512~513). 그 결과 느슨한 권력분산체제인 봉건제도를 무너뜨리면서 절대군주정이 서유럽 각국에서 성장하게 되었다. 스페인에서는 아라

공과 카스티야의 통합에 의해 15세기 후반에, 영국에서는 장미전쟁 이후 집권한 헨리 7세의 튜더왕조에 의해 왕권의 강화가 이루어졌다. 특히 프랑스에서는 100년 전쟁이 중세 귀족 세력의 힘을 결정적으로 약화시킨 틈을 타서 당시 유럽에서 가장 통일되고 중앙집권화된 절대군주정이 출현하였다(세이빈 · 솔슨 1997, 514~517).

그러나 프랑스, 스페인, 영국 등과 달리 이탈리아는 대내적으로는 소국들 간의 정치적 분열, 대외적으로는 외세의 침략에 시달리고 있었다. 당시 이탈리아에는 5개의 도시국가, 곧 교회국가, 나폴리, 베네치아, 밀라노, 피렌체가 오랜 균형을 유지해 오고 있었다. 그리고 이 국가들 간의 균형은 정교한 외교적 수완과 전쟁에 의해 지탱되었다.

그런데 이들 5개국이 자신들의 세력 강화 또는 방어를 위해 외세를 끌어들임에 따라 이탈리아는 스페인군, 프랑스군, 스위스와 독일의 보병부대 등의 빈번한 침공과 끔찍한 살육에 시달리고 있었다(앙글로 1993, 111). 이탈리아 통일의 부진과 잦은 외세 개입은 이탈리아 반도 전체를 통일할 만큼 강력한 세력이 없기 때문이었는데, 마키아벨리를 포함한 당시의 많은 이탈리아인들은 그 결정적 원인으로 교회를 지목하였다.

…… 교회는 이탈리아를 장악할 만큼 충분히 강력하지도 못했고 다른 세력이 장악하는 것을 용납할 만큼 허약하지도 않았기 때문에 교회야말로 이 나라가 하나의 우두머리 밑에 통합될 수 없게 만든 장본인이다(『논고』, 124).

또한 교회는 이탈리아 내에서 교회의 힘을 능가하는 강력한 세력이 등장하는 것을 막기 위해 자주 외세의 개입에 호소하였다. 따라서 마키아벨리는 당시 용병제도와 교회의 내분 조장 및 외세 개입 유발로 인해 이탈리아 전역이 침공당하게 되었다고 개탄한다.

…… 이탈리아는 샤를 왕에게 공략당하고, 루이 왕에게 약탈당했으며, 페르디난도 왕에게 유린당하고, 스위스인들에게 수모를 당하게 되었다(『군주론』, 92).

앞에서 언급한 것처럼 서유럽에서 대내적인 최고성과 대외적인 자주성을 표상하는 근대적인 주권과 국가의 개념은 절대군주정이라는 지배형태로 그 모습을 드러냈다. 이것은 제도적으로는 권력의 중앙집중화—무엇보다도 절대군주로의 (상비군과 같은) 폭력과 무력의 집중 및 독점—를 요구하였고, 규범적으로는 정치 영역을 종교적 구속과 도덕적 규율로부터 해방시킬 것을 필요로 했다. 마키아벨리의 『군주론』에 제시된 정치 사상은 이와 같은 절대 군주정의 입장을 대변함으로써 이러한 시대적 요구에 부응하는 것이었다.

그러나 다른 한편 마키아벨리의 정치 사상은 그가 의도하였던 바와 다르게 당대의 정치적 상황에 따라 그리고 정치 행위자와 사상가들 자신의 정치적 신념 및 이해관계에 따라 매우 다양하게 해석되어 왔다. 이와 관련하여 우리는 마키아벨리가 피렌체 공화정의 지지자였으며, 특히 그의 주저인 『로마사 논고』에서 군주정보다는 인민의 자유와 정치참여를 존중하는 공화정이 위대한 국가에 이를 수 있는 정치체제라고 주장하면서 공화정에 대한 선호를 명백히 하였기 때문에, 그가 대표적인 공화주의 사상가로 기억된다는 점을 간과해서는 안 된다.

따라서 마키아벨리는 17~18세기 계몽주의 사상이 강력히 대두하던 시기에 몽테스키외, 루소, 볼테르 등의 사상가들로부터 새롭게 주목을 받았다. 또한 독일, 이탈리아와 같이 민족국가로서의 통일이 지연되고 있던 유럽의 후진지역에서 『군주론』에 제시된 마키아벨리의 민족주의적 열망은 19세기의 민족주의적 지식인들에 의해 민족주의 사상의 선구로서 각광을 받기도 했다. 그 과정에서 그는 헤겔 등 국가주의 사상가들에 의해 찬양을 받았으며, 결과적으로는 근대 나치즘 등 전체주의 사상에 영향을 미친 것으로 평가받기도 했다.

　나아가 이탈리아 공산당의 창시자인 안토니오 그람시는 『근대의 군주』에서 마키아벨리의 『군주론』을 정치권력에 관한 이론서가 아니라 압박받는 인민들의 집단의지를 폭발시키기 위한 정치선언서로 이해하고, 마키아벨리의 군주를 실제의 개인이 아니라 압박받는 인민을 위해 사회주의 혁명을 조직하고 실천하고자 하는 이탈리아 공산당과 동일시하였다(곽차섭 1994). 이처럼 위대한 사상가는 매 시대마다 새롭게 태어나고, 각 시대는 그를 새롭게 해석할 임무를 떠맡으며, 그 결과 그는 영원한 생명을 누리게 된다.

마키아벨리의 생애와 저술

마키아벨리는 1498년 약관 29세의 나이로 피렌체 공화정에 참여하여 주로 외교업무를 담당하는 직책을 맡았다. 그는 1500년 7월에 처음으로 외교사절의 임무를 띠고 프랑스의 루이 12세의 궁정에 파견되었다. 당시 피렌체 사신들의 주된 임무는 피사(Pisa)에 대한 피렌체의 공격과 관련하여 프랑스의 군사적 협력을 구하는 것이었다. 1500년 12월에 그는 프랑스 주재 외교사절로서의 임무를 마치고 일시 귀국했다. 프랑스에 있는 동안 그가 불평한 것처럼 가족문제는 "엉망이 되어버렸는데," 그 사이에 그의 아버지와 누나가 사망했기 때문이었다. 귀국한 후 마키아벨리는 그가 구애하던 마리에타 코르시니(Marietta Corsini)와 1501년 가을에 결혼하였다.

마키아벨리는 마리에타를 무
척 좋아했다. 마리에타는 6명
의 자녀를 낳아 길렀고, 마키
아벨리의 외도도 인내했으며,
그보다 25년 정도 더 오래 살
았다(스키너 1993, 46).

체사레 보르자.

1502년에 마키아벨리는 교활
한 음모와 잔인하고 대담한 행
동을 통해 세력을 확대해가던
체사레 보르자(Cesare Borgia)
의 피렌체에 대한 의중을 파악하기 위해 그의 궁정에 파견되
었다. 1503년에 그는 로마에 파견되어 보르자의 도움으로 교
황에 선출된 율리우스 2세(Julius II)가 보르자를 간계로써 파
멸시키는 과정을 직접 목격했으며, 그 후에는 율리우스 2세
가 무모할 정도의 단호한 행동으로 세력을 확대해 가는 과정
을 지켜보았다. 그 중간에 마키아벨리는 신성 로마제국의 막
시밀리안(Maximilian) 황제의 궁정에 파견된 적이 있는데, 황
제는 우유부단하며 무엇이든 쉽게 믿는 어리석은 성격을 가
졌기 때문에 효율적으로 정부를 다스릴 수 있는 적절한 자질
이 결여되어 있으므로, 그를 두려워할 필요가 없다는 취지의
보고서를 피렌체에 보냈다.

이처럼 마키아벨리는 1498년 피렌체 공화정에 발탁된 후 외교사절의 임무를 수행하면서 후일 『군주론』에서 직접적인 분석의 소재가 되는 당대의 정치적 지도자들—예컨대 프랑스의 루이 12세, 체사레 보르자, 교황 율리우스 2세 및 막시 말리안 황제 등—과 직접 접촉하게 되었던 것이다.

한편 교황 율리우스 2세는 스페인의 페르디난도(Ferdinand) 왕과 동맹을 맺었고, 1512년에는 군사작전을 개시하여 스페인군이 이탈리아에 진격하여 프랑스군을 몰아냈다. 그 후 스페인군은 피렌체를 공격했는데, 피렌체는 변변한 저항도 해 보지 못한 채 항복하고 말았다. 그 결과 공화정의 지도자 소데리니(Soderini)는 망명했고, 18년의 공백 후 메디치 가문(the Medici)의 왕정이 피렌체에 복원되었으며, 마키아벨리는 공직에서 추방되었다.

메디치가의 조반니.

설상가상으로 1513년 2월에 마키아벨리는 메디치 정부를 몰아내려다 실패로 끝난 음모에 연루되었다는 혐의로 체포되어 고문을 받고 투옥되기에 이르렀다. 두 명의 젊은 공화주의자들이 메디치가(家)에 대한 음모를 꾸몄는데, 그들이 유사시 도움을 기대할 수 있는 인사들을 기록한 명단에 마키아벨리의 이름이 들어 있었기 때문이다. 하지만 같은 해에 메디치가의 조반니(Giovanni) 추기경이 교황 레오(Leo) 10세로 즉위함에 따라 특별사면을 받고 석방되었다.

석방되자마자 마키아벨리는 메디치 정부 하에서 공직에 참여하기 위해 계획을 짜기 시작했고, 그 계획의 일환으로 『군주론 *Il principe; The Prince*』을 1513년 말경에 집필하여 로렌초 메디치(Lorenzo de Medici)에게 헌정하였으나 그의 기대는 실현되지 않았다(스키너 1993, 59~62).

그는 『군주론』의 '헌정사'에서 메디치가에게 자신이 충성스러운 신민이며 쓸 만한 인물이라는 것을 인식시키기 위해 이 저작을 집필했음을 분명히 밝히고 있다. 그런데 마키아벨리가 궁정에서 로렌초에게 『군주론』을 헌정한 날, '운명의 장난'인지 로렌초는 또한 진귀한 사냥개들을 선물로 받았다. 당시 로렌초는 통치에 관심이 있다기보다는 사냥에 몰두해 있었기 때문에 선물로 받은 사냥개들에게 더 많은 흥미를 느꼈고, 그 결과 그 소책자를 읽지 않았으며, 마키아벨리를 다시 부르지도 않았다.

이에 낙심한 마키아벨리는 결국 피렌체 교외에서 칩거생활을 함으로써 그의 삶은 영구적 변화를 겪게 된다. 공직에 참여하고자 하는 희망을 포기하고 나서 그는 피렌체 교외에

코시모 루첼라이.

있는 코시모 루첼라이(Cosimo Rucellai)의 정원에서 정기적으로 열렸던 일단의 인문주의자들 및 문필가들의 모임에 열성적으로 참여하게 되었다. 오르티 오리첼라리(Orti Oricellari)에서의 토론은 부분적으로 문학적인 성격을 띠고 있었다. 이러한 경험을 살려 마키아벨리는 희곡을 쓰기로 결심했으며, 그 결과 「만드라골라 *Mandragola*」를 집필하게 되었다. 이 작품은 한 청년이 늙은 판사의 젊고 아름다운 아내를 유혹하는 줄거리로, 뛰어난 작품이지만 내용이 다소 무자비하고 속임수로 가득 찬 희극이기도 하다. 그 작품의 원본은 아마도 1518년에 완성되었으며, 그 후 피렌체와 로마에서 공연되기도 하였다.

그런데 오르티에서의 가장 격렬한 논쟁은 말할 것도 없이 정치에 관한 것이었다. 그 모임의 주제는 주로 공화정체의 운명에 대한 것으로서 어떻게 하면 공화국이 위대해지며, 어떻게 공화국의 자유가 유지되는가, 어떻게 몰락하고 부패하게 되는가, 어떻게 공화정부가 마침내 피할 수 없는 붕괴에 이르게 되는가 등에 관한 것이었다. 따라서 공화제를 지지하는 그

집단의 일부 성원들은 복원된 메디치가의 '전제정치'에 대한 격렬한 반대자가 되었다. 그들은 1522년에 대주교인 줄리오 메디치(Julio de Medici)를 살해하려는 음모를 꾸몄으나 성공하지 못했다. 그 음모가 불발로 끝난 뒤 몇 명이 처형되었고, 그 일파의 모임은 쿠데타가 실패한 후에 갑작스럽게 중단될 수밖에 없었다.

마키아벨리는 여러 차례에 걸친 다양한 반(反)-메디치가(家) 음모에 가담할 정도로 대담한 행동파는 아니었다. 그러나 그가 코시모 루첼라이 및 그의 동료들과의 접촉을 통해서 깊은 영향을 받았다는 점은 분명하다. 그들의 토론에 그가 참여한 결과로서 나타난 성과물 중의 하나가 1521년에 출간된 그의 논저 『전술론 *Libro della arte della guerra; The Art of War*』이다. 『전술론』은 오르티 오리첼라리에서 벌어진 대화의 형식으로 기술되어 있다. 그 책에서는 루첼라이가 논의를 시작하고 자노비 부온델몬티(Zanobi Buondelmonti)와 루이지 알라만니(Luigi Alamanni)가 주요 대화자의 역할을 한다. 그러나 마키아벨리가 이 공화주의자들과 관계를 맺음으로써 얻게 된 가장 중요한 성과는 리비우스(Titus Livius)의 『로마사』의 처음 열 권에 대한 논평서인 『로마사 논고 *Discorsi sopra la prima deca di Tito Livio; Discourses on the First Ten Books of Titus Livius*』를 쓰기로 결심한 것이었다. 이 저서는 여러 면에서 정치 사상에 관한 그의 가장 독창적인 저술로 평가받고 있다.

물론 마키아벨리는 적어도 1513년 여름 이후부터는 리비우스를 포함한 고대역사의 연구에 몰두했다. 따라서『논고』의 헌정사에서 가장 우수한 고전들을 "충실하게 독서한 것"을 자랑하고 있다. 그러나 그가 자신의 가장 독창적인 사상을 고전에 대한 인문주의적 논평의 형식을 통해 상세히 펼치게 된 동기가 오르티 오리첼라리 그룹과의 교제에서 비롯되었다는 점은 의심의 여지가 없다.『논고』는 그들의 모임을 주도했던 루첼라이와 1522년 메디치 대주교의 암살을 기도한 음모자들 중의 한 사람인 부온델몬티에게 헌정되었다. 게다가 마키아벨리의 헌정사는 그들과의 토론 내용을 암시적으로 언급하고 동료들로부터 받은 은혜에 대한 감사를 전하고 있을 뿐만 아니라 "스스로는 결코 쓰려고 하지 않았을 것을 나로 하여금 쓰도록" 만들었다고 말하면서 저작동기와 관련하여 그의 동료들에게 공을 돌리고 있다(『논고』, 61).

역사상 많은 사상가들의 편력이 대체로 그러하듯이, 정치사상가로서 마키아벨리가 얻게 된 불후의 명성도 그가 14년간의 공직생활에서 추방된 후 자신의 의사에 반해 얻게 된 여가—강요된 은둔 생활—를 활용하여 집필한 저작에서 유래한다. 이는 중국의 역사가 사마천이『사기』를 저술하게 된 역사적 배경, 또는 정약용이『경세유표』,『목민심서』등을 집필하게 된 유배생활과 맥락을 같이 한다. 이미 그의 생애를 기술하면서 언급한 것처럼, 마키아벨리는 정치에 관해서 4권의 저서, 곧『군주론』,『로마사 논고』,『전술론』,『피렌체사(史)』(『피렌체사』의 저술배경에 대해서는 나중에 언급할 것임)를 남겼다.

마키아벨리가 은거했던 시골집.

먼저 1513년에 집필된『군주론』은 메디치가의 신생 군주에게 어떻게 하면 정치권력을 획득하고 유지하고 확대할 수 있는가에 관해 조언을 하기 위한 목적에서 구상되었다. 따라서 그는『군주론』의 '헌정사'에서 자신이 외교적인 경험과 고전에 대한 해박한 지식을 갖추고 있기 때문에 메디치 군주들과 같은 신생군주의 조언자로서 적합하다는 점을 호소하고 있다.『군주론』의 본문은 이러한 목적을 달성하기 위해 신생군주가 따라야 할 지침들을 상세히 논하고 있다. 나아가 『군주론』의 마지막 장, "야만족의 지배로부터 이탈리아의 해방을 위한 권고"는 한 명의 영명한 군주가 출현하여 이탈리아 반도를 통일함으로써 질서와 평화를 확보해 줄 것을 바라는 (초기 형태의) 민족주의적 열망을 담고 있다.

1513~1519년 사이에 씌어진 『논고』는 로마 공화정이 위대한 제국을 건설하는 데 성공한 원인을 밝히기 위해 리비우스(Titus Livius)의 『로마사』 첫 열 권에 대한 논평에 근거하여 로마의 정치적·군사적 제도와 대외정책을 상세히 분석하고 있다. 이 책에는 공화주의자로서의 마키아벨리의 신념이 명백히 표현되어 있다. 1519~1520년 사이에 저술된 『전술론』은 군사적 전략과 전술을 서술하고 있다. 『피렌체사』는 1520~1527년 사이에 완성되었는데 그 책에서 그는 1492년 로렌초 대군(大君)이 죽을 때까지의 피렌체 역사를 이탈리아 전체의 역사적 맥락 속에서 살피고 있다.

집필 중인 마키아벨리.

이 4권의 저술 중에서 마키아벨리의 생전에 출간된 것은 단지 『전술론』(1521년) 한 권에 불과하고 나머지는 모두 그의 사후에 출간되었다. 원고상태로 유포되던 『군주론』이 마침내 1532년에 출간되었을 때, 그 소책자는 세간의 엄청난 주목을 받게 되었고, 급기야 도덕주의자들의 강도 높은 비판과 비난이 본격적으로 제기되었다. 결국 1559년 교황 파울루스 4세(Paulus IV)에 의해 『군주론』을 포함한 그의 전 저작이 교황청의 금서목록에 등재되는 명예(?)를 누리게 되었다.

『군주론』과 『로마사 논고』의 관계

　앞에서 설명한 것처럼 『군주론』만을 볼 때 마키아벨리는 정치체제로서 군주정을 옹호하고 있는 것처럼 보이는 것이 분명한 데 반해, 그보다 뒤에 쓴 『논고』에서는 공화정을 적극 옹호하고 있다. 물론 권력의 획득·유지·팽창을 둘러싼 '있는 그대로의 현실정치'를 중시하는 마키아벨리의 정치 사상은 두 저작 모두에서 일관되게 발견된다. 그럼에도 불구하고 이처럼 상반된 입장에 대하여 과연 마키아벨리가 진정으로 옹호하는 정치체제가 군주정이냐 아니면 공화정이냐 하는 의문이 제기된다.

　대부분의 학자들은 일시적 필요에 의해 (메디치 군주의 환심을 사기 위해) 저술된 것으로 보이는 『군주론』보다는 마키아벨리 자신의 생각을 훨씬 많이 담고 있는 『논고』가 마키아 벨리 본래의 사상을 대변하는 것이라는 데 대해, 곧 마키아 벨리가 공화주의자라는 데 대해 이의를 제기하지 않는다. 그렇 다면 '1인에 의한 절대군주의 지배를 옹호하는 듯한 『군주론』 을 마키아벨리 본래의 사상에 비추어 어떻게 해석해야 하는 가?' 라는 문제가 제기된다. 이 문제에 대해서는 다양한 답변 들이 제시되어 왔는데, 크게 네 가지 해석으로 나눌 수 있다.[2]

첫 번째 해석은 『군주론』을 마키아벨리의 정치 사상에서 일종의 '일탈'로 보는 입장이다. 즉, 마키아벨리는 당시 피렌 체 공화정은 물론 피렌체의 미래에 대해 깊이 절망한 나머지 메디치 정부를 임박한 파국과 총체적인 혼돈에 대한 유일한 대안으로 생각하고, 또 메디치가의 환심을 사기 위해서 1513 년에 『군주론』을 집필했으나, 그 후 메디치 정부에 환멸을 느 꼈고, 그리하여 다시 예전의 공화주의자로 복귀하여 『논고』 를 썼다는 것이다(Dietz 1986, 778~779).

두 번째 해석은 마키아벨리가 『군주론』을 집필한 당시에도 여전히 공화주의자로서 메디치 가문의 지배에 반대하였고, 공화주의적 자유의 관념을 옹호했다고 풀이한다. 이는 『군주 론』에 대한 공화주의적 해석자들이 역사적으로 지지하는 입 장이기도 하다. 대표적으로 루소는 『사회계약론』에서 외견상 군주에 대한 조언서인 『군주론』이 메디치가를 위해서 씌어진 것이 아니라 오히려 군주가 통치에 사용하는 온갖 종류의 무자비한 행태와 위선 및 기만의 술책을 폭로함으로써 공화주의자와 인민으로 하여금 군주에게 속지 않게 하기 위해 필요한 지식을 제공한 것이라고 주장한다(Dietz 1986, 779).

세 번째 해석은 『군주론』에서 옹호되는 군주정을 공화정으로 이행하기 위한 준비단계로 본다. 대표적으로 윌린(Sheldon Wolin)은 마키아벨리가 『군주론』에서는 총체적인 부패상황을 개혁하기 위해 국가의 건국 때와 마찬가지로 1인의 인물에 의한 통치―군주정―가 필수불가결함을 역설하고, 『논고』에서는 일단 정치공동체가 건강을 회복하면 다수 인민에 의한 지배가 인민의 자유를 신장시키고 위대한 국가를 만들 수 있기 때문에 군주정이 공화정으로 대체되는 것이 바람직하다고 주장한 것이라고 해석한다(윌린 1993, 212~214; Dietz 1986, 780). 따라서 『군주론』과 『논고』에 나타난 마키아벨리의 사상을 종합해 보면, 그는 『군주론』에서는 영명한 군주를 통해 사분오열된 이탈리아 반도를 통일하고자 하는 국가건설 단계의 민족주의적 열망을, 『논고』에서는 인민의 자유와 자치에 기반한 공화정을 통해 고대 로마의 영광을 재현할 수 있는 국가팽창 단계의 비전을 제시하고자 했다고 해석할 수 있다.

마지막으로 최근에 새롭게 제시된 대단히 흥미로운 해석은 『군주론』의 집필 의도 자체를 공화주의적인 것으로 평가한다. 이 점에서 이 해석은 두 번째 해석과 유사하다. 다만 두 번째 해석은 『군주론』의 집필 의도가 군주의 잔인성과 기만성을 폭로하기 위한 것이라는 점을 강조하는 데 반해, 이 해석은 그 의도가 군주를 기만하기 위한 것이라는 점을 강조한다. 다시 말해, 『군주론』은 기만에 관한 저술이 아니라 그 자체가 기만행위—메디치가를 기만하기 위한 것—이며, 군주국을 유지하기 위한 것이라는 외양을 띠고 있지만, 사실은 전복시키기 위한 저작이라는 것이다(Dietz 1986, 781).

이 해석의 주창자인 디어츠(Mary G. Dietz)에 따르면, 마키아벨리는 『군주론』의 '헌정사'에 나타난 외견상의 표현과 달리 로렌초에게 그의 권력을 위태롭게 하고, 그의 몰락을 재촉하며, 피렌체 공화정의 부활을 초래할 수 있는 '기만적'인 조언을 제공함으로써 그를 파멸시키고자 했다는 것이다(Dietz 1986, 777). 곧 『군주론』은 로렌초에게 단순히 나라를 통치하는 데 필요한 기만과 속임수를 일러주는 조언서가 아니라 그 자체가 로렌초를 기만하기 위한 술책이었다는 것이다.

디어츠는 이 주장을 뒷받침하기 위해 『군주론』에 제시된 마키아벨리의 주장이나 조언들—예를 들어, 신생군주가 어디에 살아야 하는가, 어떻게 처신해야 하는가, 누구를 무장시

켜야 하는가, 성채를 유지해야 하는가 아니면 허물어야 하는
가와 관련된 내용들—중에서 모순된 점들을 찾아내어 그것
들을 로렌초를 파멸에 빠뜨리기 위한 일종의 올가미로서 풀
이한다(Dietz 1986, 781~782). 마지막으로 디어츠는 마키아
벨리가 메디치 궁정을 떠나면서 중얼거렸다고 전해지는 흥
미로운 이야기를 인용한다.

> 비록 그 자신은 군주에게 음모를 꾸밀 만한 사람은 아니지만,
> 그의 소책자가 그를 위해 원수를 갚아주리라 (Dietz 1986, 797
> 에서 재인용).

『군주론』의 전반적 개요[3]

앞에서도 언급하고 인용한 것처럼, 마키아벨리는 자신이 은둔하던 농장에서 1513년 12월에 친구인 프란체스코 베토리(Francesco Vettori)에게 자신의 새로운 생활에 대한 편지를 썼다. 그 편지에서 그는 고대의 역사를 연구하고, 동시에 오랜 기간 동안 관직에 복무한 경험으로부터 끌어낼 수 있는 교훈을 곰곰이 생각하면서 자신의 생활을 감당하고 있다고 기술했다. 그 결과, "나는 …… 군주국에 관한 작은 책을 저술했으며, 그 책에서 가능한 한 깊이 이 주제를 탐구하였다"라고 그는 말한다(『군주론』「부록1」, 188). 그 작은 책이 바로 마키아벨리가 1513년 후반기에—이 편지가 언급하듯이—초고를 집필하고, 그해 말에 완성한 『군주론』이었던 것이다.

마키아벨리가 『군주론』을 집필하게 된 직접적인 동기는, 책 첫머리의 헌정사가 설명하듯이, 메디치가에게 자신의 정치적 식견과 능력을 입증하는 책을 헌정함으로써 그들의 환심을 사는 것이었고, 나아가 공직에 복귀하는 것이었다. 그러나 그의 주된 정치적 열망은―『군주론』을 끝맺는 제26장의 '메디치가에 대한 권고'에서 명백히 서술하고 있듯이―만약 그들이 그의 조언을 따른다면, 영광스러운 그들의 가문에게는 명예를, 이탈리아인들 모두에게는 이득을 가져오는 결과를 얻을 수 있다는 것이었다.

스키너는 『군주론』첫 열두 장의 구도와 배치를 분석하면서, 그 구도가 메디치가의 환심을 얻음으로써 '공직 복귀'를 추진하는 마키아벨리의 의도에 따라 교묘하게 서술되어 있다고 지적한다. 마키아벨리가 『군주론』 제12장의 서두에서 지적하는 것처럼, 그의 책의 첫 열한 장은 통일성을 유지하고 있다. 그는 세 가지 상이한 유형의 군주국―세습군주국, 복합군주국, 신생군주국―을 구별하면서 논의를 시작하고, 이들을 획득하고 유지하는 상이한 방법을 분석하면서 본론을 전개한다. 이 중 마키아벨리가 가장 관심을 가진 군주국 유형은 물론 신생군주국이다. 그는 일개 시민이 일약 군주가 될 수 있는 5개의 상이한 방식을 고찰하면서 새로운 군주가 부딪칠 것으로 예상되는 장애물은 그가 처음에 군주의 지위를 취득하는 방법에 주로 의존한다고 주장한다.

군주가 되는 방법 중의 하나는 능력(virtú ; 비르투[4])과 자신의 무력에 의한 것이다(제6장). 이런 식으로 군주국을 취득하는 것은 어렵지만 일단 취득하면 유지하기란 쉽다. 두 번째 방법은 체사레 보르자가 그랬던 것처럼 행운과 타인의 무력에 의해 권력을 잡는 것이다(제7장). 그러한 군주는 자신의 지위를 쉽게 얻지만, 많은 어려움을 극복하고 나서야 그 지위를 유지할 수 있다. 세 번째로 권력에 오르는 방법은 범죄행위에 의한 것인데, 마키아벨리는 주된 사례로 시칠리아의 아가토클레스(Agathocles)의 일화를 소개한다(제8장). 네 번째 방법은 동료 시민들에 의해 선출된 경우이다(제9장). 이러한 유형의 군주는, 원래 그를 선출했던 사람들의 호감을 유지하는 한, 일반적으로 권력을 유지하는 데 별다른 어려움을 겪지 않는다. 마지막으로, 일개 시민의 지위에서 군주가 되는 다섯 번째의 방법은 교황으로 선출되는 것이다(제11장).

마키아벨리는 이러한 분류를 의도적으로 냉정하고 추상적인 형식으로 제시한다. 그럼에도 불구하고, 마키아벨리가 자신의 주장을 제시하는 방법에는 무언가 기만적인 것이 있다. 그는 조심스럽게 자신의 분류를 전개하고 전적으로 일반적인 용어로 자신의 원칙들을 제시하고 있다. 그러나 그가 강조하고자 선택한 요인들은 몇몇 중요한 논점에서 진정으로 그가 염두에 두고 있는 것이 피렌체의 상황임을 시사한다.

이 점은 우리가 마키아벨리가 『군주론』을 저술할 당시의 메디치가의 입장을 상기해보면 즉시 명확해진다. 1512년에 메디치가가 복귀했을 때, 그들은 18년 동안이나 망명상태에 있었다. 따라서 그들은 자신들 생애의 대부분을 사적인 시민으로서 보냈던 것이다. 더욱이, 그들이 복귀한 피렌체는 그기간 내내 자치적인 공화국이었다. 마지막으로 그들의 복귀는 스스로의 능력에 의한 것이 아니라 순전히 스페인의 페르디난도 왕이 제공한 외국군대와 결합된 행운에 기인했던 것임을 상기할 필요가 있다.

말하자면 메디치가는 마키아벨리가 고려한 바에 따르면, 신생군주가 처할 수 있는 가장 위험한 상황에 직면해 있었던 것이다. 그는 제7장에서 외국군대의 도움과 행운을 통해 갑자기 권력을 쥐게 된 자들이 겪게 되는 문제를 대단히 강조하고 있다. "태어나서 급속하게 성장한 모든 자연물들처럼, 빨리 성장한 국가는 충분히 뿌리를 내리고 줄기와 가지를 뻗을 여유를 갖지 못하기 때문에, 최초로 맞이한 악천후라는 역경에 의해 파괴되고 만다"(『군주론』, 46). 그는 제5장에서 이러한 문제들이 그 군주국이 이전에 공화국이었다면 더욱 심각할 것이라고 주장한다. 왜냐하면 공화국에서 "사람들은 잃어버린 자유를 쉽게 잊지 못하며, 실로 잊을 수도 없기" 때문이다(『군주론』, 37).

마키아벨리가 바라본 메디치가의 상황

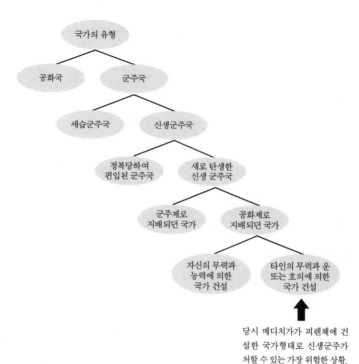

당시 메디치가가 피렌체에 건
설한 국가형태로 신생군주가
처할 수 있는 가장 위험한 상황.

제12장의 서두에서 마키아벨리는 새로운 주제를 도입한
다. 군주국의 다양한 유형을 논의한 후 이제 그는 군주국의 공
격과 방어에 필요한 방법에 관한 논의로 전환한다. 새로운 군
주는 굳건한 토대를 구축하지 않는 한 항상 몰락하게 될 것이
다. 그런데 어떤 정부든 주된 토대는 훌륭한 군대와 거기서 나

오는 훌륭한 법제도이다. 따라서 고려되어야 할 가장 우선적이며 기본적인 주제는 군주의 군사적 방비책이다.

제12장에서 제14장에 이르기까지 군주의 군사적 방비책에 대한 문제를 다루면서, 마키아벨리는 두 개의 근본적인 논점을 제기한다. 첫째, 어떠한 군주도 자신의 군대를 양성하지 않는 한 훌륭한 군대를 가지고 있다고 말할 수 없다는 것이다. 이것은 군비에 관한 마키아벨리의 주된 신념 중의 하나이며, 권력을 장악하고 유지하는 최선의 방법에 관해 그가 실질적으로 강조하는 모든 내용을 관통하는 핵심이다. 마키아벨리의 이러한 주장은 당대의 많은 저자들이 출판한 군주에 관한 조언서들에 대해 정면공격을 감행한 것이었다. 예컨대 조반니 폰타노(Giovanni Pontano)는 1490년대에 군주에 관한 저서를 집필하면서 신민들에 의해 사랑을 받는 군주라면 누구나 군대를 유지할 필요가 없다고 주장한 적이 있기 때문이다.

『군주론』의 마지막 세 장에서도 마키아벨리는 군주가 자신의 군대를 양성할 필요성이 있음을 다시 한 번 강조한다. 즉, 이 끝맺는 장들에서 마키아벨리는 이탈리아에서 권력을 상실한 다양한 통치자들을 검토하면서(제24장), 모든 경우에서 그들이 실패하게 된 가장 근본적인 요인은 공통적으로 군사적 취약성이라고 역설한다(『군주론』, 168). 이러한 주장은 그들이 자신들은 전적으로 악운의 희생자에 불과하다고 변명하는 것을 무의미하게 만들어버린다.

마키아벨리에게 운명의 힘은, 그 유명한 제25장의 논의가 주장하는 것처럼, 결코 인간 행위의 절반 이상을 통제하지 않는다. 그들은 유일하게 운명에 대항할 수 있는 능력을, 특히 자신의 국가를 성공적으로 방위하는 데 필요한 군사적 능력을 결여한 결과, 자신들의 지위를 상실하게 된 것이다. 메디치가에 대한 최후의 권고 역시 이러한 사고의 연장선에서 동일한 후렴을 반복하고 있다. "만약 영광스러운 전하의 가문이 나라를 구출한 위대한 인물들을 본받고자 한다면, 다른 무엇보다도, 모든 군사 행동의 건전한 기반으로서 전하 자신의 사람들로 구성된 군대를 조직하는 것이 급선무입니다"(『군주론』, 180~181).

마키아벨리는 또한 이탈리아 국가들의 지배적인 전투수행 방식에 반대한다. 당시 대부분의 이탈리아 군주들은 자신의 군대를 양성하고자 하는 시도를 포기하고, 대신 용병을 고용하거나 원군의 지원을 요청하는 데 의존하였다. 이러한 관행을 마키아벨리는 격렬한 어조로 비판하고 있다. 용병은 "무용하고 위험하다"(『군주론』, 85). 이탈리아의 파멸은 다른 무엇보다도 그토록 오랜 세월 동안 용병에 의존한 데서 비롯된 것이다(『군주론』, 86). 빌려온 원군은 더욱 나쁘다. 원군이 패하면 군주도 같이 망하고, 원군이 이기면 군주는 외국 통치자─원군이 직접 충성을 바치는─의 처분에 맡겨지기 때문이다(『군주론』, 94).

군주의 군사적 의무에 관한 마키아벨리의 다른 주장이 제14장의 주제를 구성한다. 군주는 항상 기본적으로 전사(戰士)로서 생각하고 행동해야 하며, 무엇보다도 먼저 자신의 군대를 직접 통솔해야 한다. 이 주장 역시 군주와 그 추종자들을 대상으로 한 르네상스 시기의 조언서들의 통상적인 가치관에 정면으로 배치된다.

예컨대 『군주론』보다 불과 몇 년 전에 저술된 카스틸리오네(Castiglione)의 『정신(廷臣)의 책 The Book of Courtier』을 고려해 보면, 카스틸리오네는 직업상 군인인 사람들도 평화시에는 문명화된 삶의 기예와 세련미를 양성하기 위해 호전적 태도를 일단 제쳐놓아야 한다고 주장한다. 마키아벨리는 그러한 주장을 채택한 결과를 냉정하게 지적하고 있다. "만약 군주가 군사(軍事)보다 사치스러운 일에 더 몰두하면 권력을 잃게 되리라는 것은 명백하다"(『군주론』, 102). 따라서 그는 다음과 같이 결론짓는다. "군주는 전쟁, 전술 및 훈련을 제외하고는 그 밖의 다른 어떤 일이든 목표로 삼거나 관심을 가져서는 안 되며, 또 몰두해서도 안 된다"(『군주론』, 102).

군사문제에 관한 이러한 논의에 이어서, 마키아벨리는 이제 제15장에서 군주의 인물됨에 관한 본격적인 문제를 제기한다. 군주는 다른 사람들에게 특히 자신의 동맹국과 신민들에게 어떻게 처신해야 되는가? 이에 대한 마키아벨리의 처방은 제15장에서 제18장에 걸쳐 논의되고 있는데, 이 논의들이야말로 의심할 여지없이 『군주론』의 가장 충격적이고 가장 마키아벨리적인 부분이다.

그는 "많은 논자들이 이 주제를 논한 바 있다"라고 언급하면서 논의를 시작한다(『군주론』, 107). 여기서 그가 부분적으로 폰타노(Pontano)는 물론 파트리치(Patrizi), 플라티나(Platina)와 같은 저명한 인문주의자들을 염두에 두고 있었다는 점은 명백하다. 하지만 그가 나중에 지적한 것처럼, 그는 또한 당대의 저술가들이 지적으로 가장 많은 빚을 지고 있는 고대의 논저들을 염두에 두고 있다. 이 중에 가장 영향력 있는 저술로는 세네카(Seneca)의 네로(Nero)에 대한 조언서인 『자비론 De clementia』과 무엇보다도 키케로(Cicero)의 도덕적 의무에 관한 일반적인 논저인 『도덕적 의무론 De officiis』을 들 수 있다.

동시에 마키아벨리는 그 자신의 분석이 이러한 사상의 전통을 전적으로 부인한다는 사실을 경고하고 있다. "내가 말하고자 하는 바가 다른 사람들이 제안한 원칙들과 특히 이 문제에 관해서 크게 다르기 때문에 내가 건방지다고 생각되지 않을까 하는 두려운 마음이 앞서기도 한다"(『군주론』, 107). 그리고 기존의 논의가 다소 비현실적이라는 점을 발견했으며 실제 세계에서 일어나는 바를 고려하고자 시도함으로써 무언가 유용한 것을 말하고자 희망하기 때문이라고 덧붙인다(『군주론』, 107).

이제 그는 군주들의 성품을 본격적으로 논의한다. 군주들은 그가 가지고 있는 성품으로 인해 찬양받거나 비난받는다고 서술한다. 군주의 악덕과 덕에 대한 광범위한 목록에서 어떤 군주들은 관대하고 다른 군주들은 인색하며, 어떤 이들은 잔혹하고 다른 이들은 자비로우며, 어떤 군주들은 신의가 없고 다른 군주들은 자신의 약속에 충실하다는 등으로 논의한다.

이러한 성품들을 하나씩 고려하면서, 마키아벨리는 두 개의 상이한 주장을 제기한다. 그는 우선 군주가 칭찬받는 기질들 중의 어떤 것들은 좋은 성품들로 여겨지지만, 사실 그것들은 단지 덕처럼 보이는 것일 뿐이라고 주장한다. 그는 먼저 통상 덕이라고 생각되는 관후함과 관련하여 이 논점을 제기한다. 관후하다는 공적인 평판을 얻고 또 유지하기 위해서 군주는 그의 모든 자원을 호화로운 과시를 위해 낭비해야 할 것이다.

그 결과 군주는 신민들에게 무거운 세금을 물리거나 신민들의 재산을 수탈해야 하는 역설적인 상황에 봉착하고 만다. 반면에 인색하게 행동하는 군주는 처음에는 구두쇠라고 불리겠지만, 국가재정을 검약하게 관리하여 신민들에게 세금을 덜 물리기 때문에 시간이 흐름에 따라 진정으로 관후한 사람이 된다는 것이다.

그렇지만 기존의 덕목들에 대한 마키아벨리의 두 번째 주장은 훨씬 더 근본적인 것이다. 제15장에서 논의되듯이, 군주가 사실상 일반적으로 훌륭하다고 생각되는 성품들을 전부 가질 수 있다면 그것은 가장 찬양할 만한 일이라고 모든 사람들이 동의할 것이다. 그러나 인간 삶의 조건이란 이것을 불가능하게 한다. " '인간이 어떻게 사는가' 하는 것은 '인간이 어떻게 살아야 하는가' 와는 너무나 다르기 때문에, 일반적으로 행해지는 바를 행하지 않고 마땅히 해야 하는 바를 고집하는 군주는 권력을 유지하기보다는 잃기 십상이다" (『군주론』, 107~108). 그토록 많은 사람들이 선하지 않은 세계에서 자신의 권력을 유지하고자 원하는 군주는 "필요하다면 부도덕하게 행동할 태세가 되어 있어야 한다" (『군주론』, 108).

마키아벨리는 이후의 장들에서 부도덕하게 행동할 태세가 되어 있다는 것이 무엇인지를 설명하는 데 몰두하고 있다. 이 중요한 대목에서 그가 논의를 전개하는 방식은 세네카와 특히 키케로의 저작에서 주로 영감을 받은 전통적인 지혜에 대한 반박을 조목조목 제시하는 것이다.

먼저 그는 관후함의 덕에 대한 논의로 되돌아간다(제16장).

키케로는 『도덕적 의무론』에서 관후함이야말로 우리가 정의와 더불어 다른 무엇보다도 그러한 덕을 가진 자들을 사랑하게 되는 덕목들이라고 주장했다. 하지만 이와 반대로 마키아벨리는 관후함이 덕의 일종이지만, 그럼에도 불구하고 군주에게 커다란 해악을 끼칠 수 있다고 주장한다. 마키아벨리는 군주에게 궁극적으로 미움과 증오를 가져오는 것이란 관후함을 실천하는 것이지, 그것을 삼가는 것은 아니라고 주장한다. 따라서 마키아벨리는 현명한 군주라면 인색하다고 불리는 것에 관해 마음을 쓰지 않는다고 한다. 왜냐하면 군주는 인색하지 않고서는 자신의 지배를 유지할 수 없다는 점을 알게 될 것이기 때문이다.

다음 장인 제17장에서 마키아벨리는 잔인함과 같은 악덕으로 관심을 돌린다. 이 악덕에 대한 고전적인 분석인 세네카의 『자비론』은 잔인함을 참주의 전형적인 악덕이며 따라서 무엇보다도 진정한 군주가 피해야 할 악이라고 규정한다. 이에 대해 마키아벨리는 "현명한 군주는 …… 신민들을 결속시키고 충성스럽게 유지할 수 있다면, 잔인하다는 평판을 받는 것을 걱정해서는 안 된다"(『군주론』, 115)고 반박한다. 나아가 마키아벨리는 군주가, 특히 신생군주가, 그의 통치를 유지하기를 바란다면 잔인하다는 평판을 얻는 것을 피하기란 전혀 불가능하다고 주장한다.

같은 장에서 마키아벨리는, 군주는 사랑을 받는 것과 두려움을 받는 것 중 어느 편이 더 나은가라는 질문을 고려한다. 이에 대해 키케로는 두려움을 몰아내고 굳게 사랑에 의지하는 것이 타인에 대한 우리의 영향력과 안전을 유지하는 최선의 방법이라고 주장했다. 그러나 마키아벨리는 이와 정면으로 대립되는 주장을 제시한다. "동시에 둘 다 얻는 것이 어렵기 때문에, 굳이 둘 중에 하나를 선택해야 한다면 나는 사랑을 받는 것보다는 두려움의 대상이 되는 것이 훨씬 안전하다고 생각한다"(『군주론』, 117). 마키아벨리는 인간이란 일반적으로 자기 이익에 너무나 강렬히 집착하기 때문에 이익이 된다면 사랑의 유대도 파기하는 반면, 처벌에 대한 두려움은 항상 그들을 효과적으로 통제한다고 주장한다.

마지막으로 제18장에서 마키아벨리는 군주가 어느 정도로 자신의 약속을 존중해야 하는가 하고 질문한다(제18장). 키케로는 약속을 지키는 것이 정의의 기초라고 주장했다. 그러나 마키아벨리는 신중한 군주라면 약속을 지키는 것이 자신의 이익에 반할 때 그 약속을 지켜서는 안 된다고 반박한다. 나아가 마키아벨리는 근래에 위대한 업적을 성취한 군주들은 약속을 지키는 것을 전혀 중히 여기지 않은 자들이었다고 덧붙인다.

만약 군주에 관한 통상적인 조언서가 그토록 위험하게 이상화된 원칙을 담고 있다면, 보다 현실주의적이고 따라서 실용적인 성격을 가진 신생군주에게는 어떤 긍정적인 조언을 제공할 수 있겠는가? 제18장의 말미에서 마키아벨리는 자신의 처방을 제시하면서 이 처방을 따르는 신생군주는 지위가 안정된 군주처럼 확실하게 다스릴 수 있다고 주장한다. 그 처방은 세 가지 요소로 구성되어 있다. 먼저 군주가 일반적으로 존경할 만한 것으로 여겨지는 성품을 모두 갖추는 것은 좋다. 둘째, 비록 (아니 오히려 특히) 군주는 사실상 그것을 갖추고 있지 않다고 하더라도, 그러한 성품들을 갖추고 있는 것처럼 나타나야 한다.

마지막으로, 군주는 자신의 지위를 유지하고자 원한다면, 전통적인 덕목들을 무시할 태세가 되어 있어야 하며 "필요하다면 비행을 저지를 수 있어야 한다"(『군주론』, 125). 물론 이 처방에서 두 번째와 세 번째 요소가 마키아벨리즘의 진수임은 분명하다. 나중에 『군주론』의 핵심 사상을 논하면서 좀더 자세히 고찰하겠지만, 여기서 마지막 두 요소에 대한 마키아벨리의 논의를 좀더 부연해 보기로 하자.

두 번째 요소에는 군주란 항상 유덕하게 보여야 하며 따라서 위장(偽裝)의 방법을 익혀야 한다는 제안이 담겨 있다. 나아가 마키아벨리는 정치세계에서 군주의 기만과 위장이 쉽게 효력을 발휘할 것이라는 점을 확신하고 있다. "인간은 매우 단순하고 목전의 필요에 따라서 쉽게 움직이기 때문에, 능란한 기만자는 속고자 하는 사람들을 항상 쉽게 발견할 수 있다"(『군주론』, 124).

정치세계에서 기만과 비행의 효율성에 대한 마키아벨리의 강조는 군주가 두 가지 본성을 키워야 한다는 제안에도 담겨 있다. 즉, 가능할 때 따라야 하는 좋은 본성과 필연에 의해 강요될 때 따를 태세가 되어 있어야 하는 나쁜 본성이 그것이다. 키케로는 인간이 목적을 달성하는 데 두 가지 방법이 있다고 주장했다. 하나는 이성에 의한 것이고 다른 하나는 힘에 의한 것인데 전자는 인간에 적합하고 후자는 짐승에 적합한 것이다. 짐승적인 방법이란 힘은 물론 기만을 사용하는 것도 포함하는데 키케로는 이 두 가지가 전적으로 인간에게 합당하지 않다고 역설했다. 힘은 인간을 사자의 차원으로, 기만은 여우의 차원으로 타락시키기 때문에, 이 양자는 무슨 수를 써서라도 피해야 한다는 것이다.

키케로의 논의를 거의 그대로 따르면서, 마키아벨리 역시 두 가지의 싸우는 방법, 곧 법률에 의한 것과 힘에 의한 것이 있다고 언급하면서 자신의 논의를 시작한다. 그는 또한 전자의 방법이 인간에게 합당하고 후자의 방법이 짐승에게 합당하다는 주장에 동의를 표한다. 그리고 나서 그는 특유의 전복적 주장을 펼친다. "전자로는 종종 불충분하기 때문에 후자를 사용할 줄 알아야 한다"(『군주론』, 122). 여기서 짐승적인 방법을 따르기로 한 군주는 어떤 짐승을 모방해야 할지 알아야 한다. 키케로의 주장을 뒤집으면서, 마키아벨리는 그의 유명한 조언을 제시한다. 즉, 군주는 "여우와 사자의 기질을 모방"하는 것을 익히면 가장 잘 성공할 수 있다는 것이다(『군주론』, 123).

마키아벨리는 제19장에서 그의 정치 사상의 다른 측면을 전개한다. 곧 권력을 유지하고자 하는 군주는 무엇보다도 전 인민이, 귀족이나 평범한 시민이나 할 것 없이, 그의 통치에 존경을 품고 만족하도록 해야 한다는 것이다. "질서가 잡힌 국가와 현명한 군주는 귀족의 노여움을 사지 않고 인민을 만족시키기 위해서 항상 주의를 기울여왔다. 이것이야말로 모든 군주가 해야 할 가장 중요한 일의 하나이다"(『군주론』, 131).

마키아벨리는 또한 이 원리를 피렌체 정치에서 제기된 바 있는 두 개의 주된 쟁점—대내적으로 신민에 관한 것과 대외적으로 외세에 관한 것—과 관련하여 논의한다. 첫 번째 쟁점은 음모에 관한 것이다. 이는 분명히 메디치가가 두려워할 충분한 이유를 가진 위험이다. 파치(the Pazzi) 가문은 1478년에 줄리아노 데 메디치를 암살하는 데 성공했고, 앞에서 언급한 것처럼, 마키아벨리도 1513년의 또 다른 음모와 관련하여 체포된 적이 있었다. 그러나 마키아벨리는 그러한 위협은 쉽게 봉쇄될 수 있다고 단언한다. 음모란 너무나 위험하기 때문에 거기에 가담한 자들은 자신들의 행위가 인민들의 지지를 받을 것이라고 생각할 경우에만 그러한 행위를 저지른다. 따라서 군주가 음모를 사전에 예방할 수 있는 최선의 방패는 인민들의 호의를 결코 잃지 않도록 만전을 기하는 것이다.

두 번째 쟁점은 군주가 자신의 영토를 요새로 방비해야 하는가 하는 문제이다. 이것이 제20장의 주제를 구성하는데, 마키아벨리는 특유의 활기찬 문체로 자신의 처방을 제시한다. 만약 군주가 신민들의 증오를 두려워한다면, 확실히 요새를 구축해야 한다. 그러나 이러한 정책마저도 궁극적으로 군주를 민중들의 불만으로부터 보호해 줄 수 없다는 것이 마키아벨리의 주장이다. 따라서 "군주가 가질 수 있는 최선의 요새는 인민에게 미움을 받지 않는 것이다"(『군주론』, 151).

이제 마키아벨리에게 남아 있는 주된 질문은 어떻게 군주가 실제로 인민들의 호의를 유지하고 그들의 미움이나 경멸을 사는 것을 피하는가이다. 아리스토텔레스는 그의 『정치학』에서 통치자는 신민의 재산을 빼앗거나 부녀자들의 명예를 유린함으로써 미움을 받는다고 주장한 바 있다. 마키아벨리도 아리스토텔레스의 지적에 따른 조언을 단순히 반복하는 데 그친다. 군주는 미움을 받지 않기 위해 "신민들의 재산과 부녀자를 강탈하는" 것을 무슨 일이 있더라도 피해야 한다(『군주론』, 127).

제22~23장에서 마키아벨리는 군주가 측근 신하를 다스리는 방법과 아첨꾼을 피하는 방법에 관해 논한다. 이 논의도 군주가 경멸을 피해야 한다는 주제와 연관이 있다. 아첨꾼을 피하는 데 대한 표준적인 답변은 군주가—세네카가 『자비론』에서 조언한 것처럼—자신을 붙임성이 있고, 접근이 용이하며, 모든 사람이 공공연히 접근할 수 있는 인물로 제시해야 한다는 것이다.

그러나 마키아벨리는 이러한 제안에 담겨 있는 명백한 위험을 지적한다. 만약 모든 사람이 그들이 원하는 것을 항상 자유롭게 이야기할 수 있다면, 군주는 매우 쉽게 존경을 잃게 되고 경멸의 대상이 될 것이라는 점이다. 따라서 마키아벨리는 붙임성 있는 군주의 상을 비판하면서 군주는 완전한 논쟁의 자유 같은 것을 허용해서는 안 된다고 주장한다. 군주는 단지 소수의 조언자에게만 귀를 기울이고, 그것도 그 자신이 논의하기를 원하는 주제에 관해서만 상의해야 한다. 그는 자신의 이러한 주장을 당대 군주들의 실제 행동, 특히 막시밀리안 황제와 스페인의 페르디난도 왕의 대조적인 행동에 대한 분석을 통해서 보강한다.

마키아벨리가 후일 집필한 정치적 저술들은 모두 『군주론』보다는 여유를 갖고 쓴 작품들이며 방대한 것들이다. 그러나 후세인들의 상상력을 강렬하게 사로잡고 인구에 회자

된 것은 바로 『군주론』이다. 그 저작에서 마키아벨리는 어느 누구도 필적할 수 없는 간결하고 대담한 필치로 마키아벨리 사상의 근본적인 가정—통치자는 국가의 이익을 위해서는 악행을 저지를 태세가 되어 있어야 한다—을 제시하였다. 그렇게 함으로써 그는 국가통치술에 관해 후대의 저술가들이 결코 무시할 수 없는 도전을 제기했던 것이다.

3장

『군주론』의 핵심 사상

마키아벨리의 정치 형이상학 : 역사

앞에서 논의한 대로 『군주론』에 나타난 마키아벨리의 사상은 서양 정치 사상사에서 현실주의 정치 사상의 전형으로 이해된다. 일반적으로 현실주의는 정치에 대한 연구를 과학화하기 위한 필수적인 전제로 간주된다. 서양 정치 사상사에서 마키아벨리의 『군주론』은 정치 현상을 경험주의적 방법에 기초하여 현실정치(realpolitik)를 중심으로 다루되, 국가이성(raison d'état)의 정신으로 접근한 최초의 이론적 시도로 이해된다(Dietz 1986, 794). 따라서 이하에서는 마키아벨리의 현실주의 정치 사상의 일반적 특색을 다음과 같은 주제영역을 설정하여 간략하게 개관하겠다. 곧 '마키아벨리의 정치 형이상학 : 역사', '마키아벨리 정치 철학의 핵심 : 자유/자율', '현실주의적 정치 사상과 이익 정치의 태동', '정치 영역의 독자성과 자율성: 정치와 윤리', '정치에서의 외양(appearance)과 본질(being)' 그리고 '비르투와 운명'이 그것이다.

정치 철학은 정치와 철학이 결합된 산물이라고 할 수 있다. 따라서 정치 사상가를 '정치적'인 면에 좀더 몰두하는가 아니면 철학적인 면에 좀더 치중하는가에 따라 분류해 본다면 마키아벨리는 서구의 정치 사상가들 중에서 '정치적'인 면을 가장 역설한 인물이라고 단언할 수 있다. 정치에 대한 그의 사상은 어떤 체계적인 철학과 연결되어 있지 않기 때문이다(월린 1993, 180). 따라서 정치 그 자체처럼 마키아벨리의 사상은 우리를 경악시키는 한편, 또한 우리를 끊임없이 매료시키기도 한다(Pitkin 1984, 3).

무릇 정치 사상가가 이론화하는 정치세계란 재화—부, 권력, 명예 등—가 상대적으로 희소한 상황에서 인간의 가치, 야심 및 이기심이 부단히 충돌하고 운동하며 쉴 새 없이 변하는 '현상의 세계'이다. 하지만 동서양의 많은 정치 사상가들은 이러한 생성의 세계를 거부하고 불변적이고 확실한 질서를 구축하고자 하는 경향을 보여 왔다. 변화로 뒤엉킨 세계에서 확실하고 안정된 정치질서를 구축하고자 하는 사상가들의 노력은 종종 변화가 동결된 "고정불변의 운동 없는 정치

체계"의 구상―"정당한 권위의 문제"에 대한 탐구―으로 귀결되기도 하였다(월린 1993, 184). 플라톤은 '좋음의 이데아'라는 영구불변의 철학적 진리에 따라 정치체를 구성함으로써 영구적으로 안정된 정치질서를 구축하고자 했다.

아퀴나스와 같은 중세의 서양사상가들은 종교적 신앙이나 진리의 구현이라는 차원에서 정치체를 바라보고 이론화하고자 했다(월린 1993, 187). 근대에 들어와서도 많은 사상가들이 자연법과 인간의 이성, 기하학적인 진리, 절대 이성과 같은 확실하고 고정된 이론적인 틀을 고안함으로써 또는 뉴턴의 물체의 운동법칙과 같은 물리학적인 진리에 상응하는 정치운동의 법칙―예를 들어 사적 유물론 등―을 발견·구성함으로써 정치체를 설명하고자 했다.

그리하여 정치질서의 안정성 및 정치적 변화의 확실한 예견에 대한 인간의 욕구를 만족시키고자 했던 것이다. 만약 자신들이 구상한 정치질서가 항구적이고 불변적인 원리에 기반할 수 있다면 그 정치질서도 그러한 원리가 지닌 항구성과 불변성을 공유할 수 있고, 또 정치적 변화의 내용을 확실히 예견할 수 있다면 그것에 쉽게 적응하고 나아가 역사의 미래를 선점할 수 있다고 믿었기 때문이다. 이러한 원리가 바로 사상가들의 정치 형이상학에 해당한다고 할 수 있다.

하지만 이러한 형이상학적이고 과학적인 원리들은, 한편

으로 정치질서에 항구성과 안정성을 부여하지만 다른 한편으로는 정치세계의 다양성과 역동성을 간과하는 정치 사상을 산출하는 경향이 있었다. 마키아벨리가 보기에 그러한 사상은 정치세계의 본질이라고 할 수 있는 정치적 활력이 사라진, 동결된 정치세계를 담아낼 뿐이었다. 따라서 마키아벨리는 안정된 정치체제를 수립하기 위해 '정당한 권위'를 추구하는 문제에 골몰하는 대신, 정치세계의 다양성과 역동성의 문제, 곧 "운동하는 여러 세력들로 구성된 불안정한 정치체를 통제"하기 위해 지배력을 획득하는 '권력의 문제'로 관심을 전환하였다. 그리고 정치세계의 역동성을 간과하지 않으면서도 비교적 안정된 이론 틀을 제시하는 정치 형이상학으로 '역사'를 선택하였다(월린 1993, 184~186).

역사적 설명이 가지는 장점은 그것이 인간사회에 작용하는 항구적인 요인들을 전제로 하지만, 정치세계의 운동과 변화를 적극적으로 수용할 수 있다는 데 있다(월린 1993, 186). 나아가 역사가 사건의 변화무쌍함을 넘어서 안정된 지식체계를 제공할 수 있다면, 정치상황의 불확실성을 감소시킬 수 있다는 희망도 가질 수 있게 된다. 이는 결국 고대 그리스 철학자들과 중세 기독교 신학자들을 자극했던 동일한 문제의식에 대한 상이한 답변을 의미했다. 마키아벨리가 공언한 "전인미답의 길"(『논고』, 67)은 '영원한 이성'과 '영원한 신앙' 대신에 '역사 속에 보존된 위대함의 영원한 모델'에서 그 확실성을 발견했다(월린 1993, 187;『논고』, 67~69). 이러한 전제 하에 마키아벨리는 로마 공화정이 바람직한 정치제도와 정치 행위의 기본이 되는 영구적인 모델을 제시한다는 결론을 얻었다. 또한 순환론적 역사관에 입각하여 마키아벨리는 고대 로마의 위대함을 재현시키고자 희망하였다. 즉, 마키아벨리는 당대 피렌체를 포함한 이탈리아 정치의 총체적인 부패와 위기가 로마 공화정과 비교함으로써 진단될 수 있고, 또 로마의 모델을 모방함으로써 난국을 극복하고 고대의 영광을 재현할 수 있다고 믿었던 것이다.

마키아벨리 정치 철학의 핵심 개념 : 자유/자율

『로마사 논고』에 강하게 집약된 마키아벨리의 공화주의적 정치 사상에 주목하여 스키너는 마키아벨리를 '자유의 철학자'라는 단어로 요약하고, 핏킨(Hanna Fenichel Pitkin)은 『군주론』, 『논고』 등 마키아벨리의 저작 전반에 나타난 정치 사상의 핵심을 관통하는 개념이자 그의 사상의 모순과 긴장 및 양가감정(兩價感情)을 드러내는 개념으로 '자율(autonomy)'이라는 용어를 제안한다(스키너 1993, 94; Pitkin 1984, 7). 스키너에게 '자유'란 주로 정치적 차원에서 파악되는 개념으로 대외적으로 외국의 지배로부터 자유롭고 대내적으로 시민들의 적극적인 정치 참여와 개입을 통해 자치적인(self-governing) 정부—곧 공화정부—를 엮어내는 것이라 할 수 있다.

핏킨은 이 점을 포함하면서도 정치행위자 개인 차원에서의 자유를 좀더 강조하기 위해 '자율'이라는 용어를 사용하고 있다. 개인적인 차원에서 자율이란 칸트(I. Kant)적 의미에 따라 "자신의 법률 또는 원칙을 가지거나 제정하는 것으로서, 다시 말해 독립, 자기 통제, 자치, 자유를 지칭한다." 마키아벨리의 공화정에서 시민됨은 "칸트적 의미의 개인적 자유를 공유된 공적 자유로 확장하는 것을 의미한다. 즉, 공동체가 결정을 내리고 집단적인 원칙과 삶의 양식, 곧 노모스(nomos ; 법률 · 습관 · 제도)를 조형하는 정치적 활동에 참여한다는 것을 의미한다."

이 점에서 마키아벨리에게 자율 또는 자유는 세 가지 의미를 가지고 있다고 볼 수 있다. 인간의 개인적 행위의 관점에서 자율은 예측 불가능한 방식으로 또는 필연적으로 다가오는 주변상황에 대한 인간 행위자의 '주체성'을, 대내적 정치에서는 '자유로운 정부'—공화정부—를, 대외적 정치에서는 '독립성'(또는 '자주성')을 지칭한다(이상의 인용은 Pitkin 1984, 7).

핏킨의 지적대로, 자율과 종속의 문제는 마키아벨리의 모든 저작에 지속적으로 반복되는 주제이다. 가장 명백하게 마키아벨리는 자율을 국가의 목표로 본다. 『군주론』에서 그는 자력으로 스스로를 유지할 수 있는 국가만을 강력한 국가로,

항상 타자의 도움을 필요로 하는 국가를 연약한 국가로 본다. 공격을 받았을 경우에는 자력으로 격퇴하는 것이 최선이다. 외부의 지원은 불가피한 경우 최후의 수단으로 고려해야 하지만 가장 위험한 수단이다. 특히 자신보다 강력한 국가와의 동맹은 피해야 한다(Pitkin 1984, 19~20).

물론 이것은 국가에만 해당하는 조언이 아니며 정치지도자 개인에게도 적용되는 조언이다. 『군주론』에서 현명한 군주는 타인의 세력 아래 놓이는 것을 가급적 피한다. 군주는 타인의 힘이 아니라 자신의 힘에 의지해야 한다. 군주가 귀족보다 인민의 지지를 중시하는 것도, 인민의 사랑을 받는 것보다는 두려움의 대상이 되는 편을 택하는 것도, 각각의 경우 후자가 군주를 더 자유롭게 만들기 때문이다. 심지어 마키아벨리는 조언에 대해 논하면서도 조언이 군주에게 이익이 되는가 그렇지 않은가를 따지기보다는 조언자에게 의존하게 되는 상황을 더 경계한다(Pitkin 1984, 20).

『군주론』은 물론 『로마사 논고』에서도 자율에 대한 관심은 지속된다. 그는 『논고』의 서두에서 자유민들로부터 기원한 도시와 타인에게 종속된 자들에 의해 기원한 도시를 구분하는 것으로 시작하고 있다. 누군가에게 의존하지 않고 자유롭게 시작한 도시는 성공할 가능성이 높고, 종속된 지위에서 시작한 국가는 타국의 지배로부터 벗어나는 데 항상 어려움을 겪기 마련이다(『논고』, 72, 76).

『논고』에 제시된 바와 같이 건국자는 단 한 사람이어야 한다는 주장도 군주는 스스로에게 의지해야 한다는 『군주론』에 제시된 주장과 일맥상통한다. 특히 어려운 위기시에 리더십은 혼자서 행동하는 1인에 의해 행사되어야 한다. 바로 이러한 이유로 마키아벨리는 로물루스(Romulus)가 그의 동생 레무스(Remus)를 죽인 사실을 용인한다(『논고』, 108). 마키아벨리는 이 사실을 인정함으로써 건국을 하기 위해서는 한 사람의 수중에 권력과 권한이 집중되어야 한다는 자신의 논점을 지지하는 본보기가 될 만한 모범적인 사실로 해석했던 것이다.

따라서 마키아벨리가 보기에 모세, 리쿠르구스(Lycurgus) 및 솔론(Solon)과 같은 건국자들 역시 자신들의 수중에 권위를 집중시킴으로써 성공할 수 있었던 것이다. 이러한 주장은 군대를 지휘하는 데는 물론 심지어 음모를 꾸미고 집행하는 경우에도 적용된다(『논고』, 429~430).

현실주의 정치 사상과 이익 정치의 태동

앞에서도 여러 차례 언급한 것처럼, 마키아벨리의 정치 사상은 대표적인 현실주의 사상으로 평가받고 있다. 『군주론』에서 군주에게 권력의 획득·유지·확대에 필요한 조언을 제시하기에 앞서 제15장 서두에서 마키아벨리는 자신의 현실주의 정치 사상의 정당성을 다음과 같이 옹호하고 있다.

이제 군주가 자신의 신민들 및 동맹들에게 어떤 식으로 행동해야 마땅한가를 고찰하기로 하자. …… 그러나 나는 이 문제를 이해할 수 있는 사람이라면, 누구에게나 유용한 것을 쓰고자 하기 때문에, 이론이나 사변보다는 사물의 실제적인 진실에 관심을 경주하는 것이 낫다고 생각한다. 왜냐하면 많은 사람들이 현실

속에 결코 존재한 것으로 알려지거나 목격된 적이 없는 공화국이나 군주국을 상상해 왔기 때문이다. 그러나 '인간이 어떻게 사는가'는 '인간이 어떻게 살아야 하는가'와는 너무나 다르기 때문에, 일반적으로 행해지는 바를 행하지 않고 마땅히 해야 하는 바를 고집하는 군주는 권력을 유지하기보다는 잃기 십상이다 (『군주론』, 106~107).

위 인용문에서 마키아벨리는 '사물의 실제적인 진실'과 '결코 존재한 것으로 알려지거나 목격된 적이 없는 상상 속의 공화국이나 군주국'에 대한 유명한 구분을 내린다. 이 구분은 이전의 도덕철학자나 정치 철학자들이 이제껏 전적으로 가상의 공화국이나 군주정에 관해서만 논의했을 뿐이고, 군주가 실제로 활동해야 하는 현실의 세계에 대해서는 아무런 지침을 제공하지 않았다는 비판을 담고 있다.

정치 현실에 대한 과학적이고 실증적인 접근의 필요성에 대한 마키아벨리의 이 같은 역설(力說)은 홉스에 이르러 비로소 '군주에서 개인으로', '국가의 본성에서 인간의 본성'으로 확대되었다. 물론 마키아벨리도 국가에 대한 현실주의적인 이론이 인간의 본성에 대한 지식을 필요로 한다는 점을 감지했고, 인간본성에 대한 그의 언급은 예리한 통찰력을 품고 있는 것이 사실이지만, 이는 체계화되지 못한 채 그의 저작에 산

만하게 흩어져 있을 뿐이다. 인간 본성에 대한 체계적인 분석
과 통찰은 홉스의 출현을 기다려야 했던 것이다(Hirschman
1977, 13).

마키아벨리의 현실주의적 정치 사상은 국가의 통치자에게
적합한 행위를 처방함에 있어서 핵심적 원리나 중심이 되는
개념을 아직 찾아내지 못하고 있었다. 하지만 그의 사상은 16
세기 말에 널리 쓰이기 시작하는 '이익'과 '국가이성(reason
of the state)'[5]이라는 개념의 원초적 기반을 마련한 것으로 평
가받고 있다. 이익의 개념은 두 가지 측면을 내포하고 있었다.

그 하나는 마키아벨리 이전 시대에 만연되어 있던 도덕적
인 원리나 규범으로부터 정치행위의 독립성을 선언하는 것이
었고, 다른 한편 그 원리들은 군주에게 명료하고 건전한 지침
을 제시하는 동시에, 정념이나 일시적인 충동에 의해 오염되
지 않은 '계산적이고 합리적인 의지'를 표상했다. 마키아벨리
는 국가통치술의 창립자로서 전자를 강조했지만, 이익이 합리
적으로 군주의 행동을 규제하는 측면도 간과하지 않았다.

마키아벨리의 현실주의 사상은 영광과 권력을 추구하는
군주에게 단순히 종교적이거나 윤리적인 규범에 구애받지
않을 것뿐만 아니라 걷잡을 수 없는 욕망이나 격정에 사로잡
히지 말고 냉정하고 계산적으로 행동할 것을 요구하였다. 정
치행위의 원리로서 도덕적인 원리를 추방한 것은 정치행위

의 비도덕성(amorality)을 암시하는 것이었지만, 또한 정념에 따른 행위를 배제하고 합리적이고 계산적인 이익의 개념을 도입한 것은 정치행위가 일정한 예측가능성과 안정성을 획득하는 것을 의미했다(Hirschman 1977, 33, 41).

이익 지향적 행동원리의 가장 극적인 표현은 마키아벨리의 폭력이론에서 그 절정에 이른다. 폭력(violence)은 같은 어원을 두고 있는 '격정(vehemence)'이나 '벗어남(위반; violate)'에도 잘 나타나 있듯이 '인간의 신체나 재산에 대한 격렬한 힘의 사용'이라고 할 수 있으며, 이익의 합리적이고 계산적인 측면과 정면으로 배치되는 의미를 담고 있다. 따라서 그 결과를 예측하기가 어려운 안정파괴적인 요소를 지니고 있다. 그런데 마키아벨리의 놀라운 점은 통상 격정에서 비롯되는 폭력마저도, 마치 의사가 환자를 치료하기 위해 필요한 약을 처방하듯이, 결과를 감안하여 필요한 적절한 양만을 계산적이고 합리적으로, 곧 냉정하게 사용할 것을 권하고 있다는 점이다. 이는 신생군주에 대한 마키아벨리의 다음과 같은 조언에서 극적으로 나타난다.

나는 이러한 차이가 잔인한 조치들이 잘 사용되었는가 또는 잘 못 사용되었는가에 의해서 좌우된다고 믿는다. 그러한 조치들이 단번에 모두 저질러졌다면 …… 잘 사용되었다고 말할 수 있다. 왜냐하면 그러한 조치들은 권력을 확립하는 데에 필수적이며, 연후에는 그것에 집착하지 않고 자신의 신민들에게 가능한 한 유익한 조치로 전환될 수 있기 때문이다. …… 이로부터 우리는 국가를 탈취함에 있어 신중한 정복자는 그가 행할 필요가 있는 모든 유해한 조치의 목록을 작성한다는 사실을 배울 필요가 있다. 왜냐하면 그러한 조치들을 반복하지 않음으로써 그는 인민들을 안심시키고, 나아가 그들을 잘 대우함으로써 그들의 지지를 얻을 수 있기 때문이다(『군주론』, 65 참조).[6]

사실 계산적이고 합리적으로 결정된 힘의 사용은 폭력의 폭(暴)이 가지는 '규범일탈성', '돌발성', '격렬성'을 상실한 힘의 사용이라고 할 수도 있다. 이 점에서 그는 폭력마저도 계산적인 이익에 종속시킬 것을 요구한 셈이다.

그러나 이러한 이익 정치가 정치 영역의 안정성을 확보하고 정치행위의 역동성을 포착할 수 있겠지만, 정치결사 특유의 공동체성을 확보할 수는 없다는 사실에 마키아벨리의 고민이 있었다. 그리고 이러한 이익 정치의 한계를 극복하기 위해 『군주론』 마지막 장에서 돌발적으로 '민족주의'라는 공동체 지향적인 감정에 호소하지 않을 수 없었다는 월린의 주장은 '정치란 무엇인가?'라는 근본적인 문제와 관련하여 깊은 생각거리를 제공한다.

정치 영역의 독자성과 자율성 : 정치와 윤리

　　마키아벨리의 현실주의 정치 사상은 또한 정치 영역의 독자성과 자율성을 역설했다는 점에서 흔히 근대 정치 사상의 출발로 간주된다. 고대 그리스 사상에서 정치 영역의 독자성은 비교적 친숙한 관념이었지만, 중세의 정치 사상은 교회제도를 그 중심축으로 삼아 전개되었기 때문에 정치와 관련된 개념들도 종교적인 비유와 사상에 의해서 채색되었다. 이는 정치질서가 그 독자성을 인정받지 못하고 종교적 질서의 하위구조로서 포섭된 것과 그 궤를 같이 한다.

　　그러나 르네상스 이후 종교의 영향력이 쇠퇴함에 따라 이탈리아의 정치 현상은 종교적 가치와 제도의 영향력을 벗어나, 더욱 순수한 형태로 그 모습을 드러내기 시작했다(월린

1993, 156~157). 따라서 마키아벨리는 정치 영역을 독립적인 탐구 영역으로 설정하여 자연법사상과 같은 중세적 사고방식과 결별하였다. 그리고 정치 현상을 권력의 문제를 중심으로 분석하였다. 즉, 그는 정치 현상에서 종교적 가치나 윤리적 가치를 최소화하여 고려하고, 권력의 획득·유지·팽창을 중심으로 보았던 것이다.

이로 인해 마키아벨리의 정치 사상은 사회·경제적 요소나 종교·윤리적 요소가 정치에 미치는 영향을 등한시하였고, 그 결과 정치 현실의 다양하고 복잡한 측면을 포섭하지 못한 편협한 사상이라는 비난을 받을 수도 있다. 다른 한편 그의 사상은 이데올로기의 다양성, 사회·경제적 차이, 종교·윤리·문화적 편차를 초월하여 권력정치(power politics)가 전개되는 상황이면 어디에나 적용된다는 장점을 지닌다. 즉, 마키아벨리의 권력정치에 관한 통찰은 셰익스피어 당시 영국의 궁정정치, 조선의 궁정정치 및 당쟁, 구소련의 크렘린에서 일어난 권력투쟁, 이념을 달리하는 남북한의 현대정치, 심지어 일상생활에서 발생하는 미시정치 영역에까지도 광범위하게 적용될 수 있다는 강점을 지닌다는 것이다.

정치 행위가 종교나 윤리와는 다른 원칙에 의해 규율된다는 마키아벨리의 주장은, 앞에서 논한 것처럼 『군주론』 제15장에서 제19장에 걸쳐 나오는 군주의 처신에 대한 유명한 논의에서도 자세히 나타나지만, 마키아벨리의 용어 사용, 곧 마키아벨리가 군주에게 요구하는 덕(virtú; 비르투)의 개념상의 혁신에서도 상징적으로 드러난다. 대부분의 기독교 사상가들과 초기 르네상스 시기의 문필가들은 군주의 덕으로 기독교적인 의미의 덕—겸손함, 자선, 경건함, 정직함 등—을 요구하였다.

하지만 마키아벨리는 이러한 기독교적인 덕의 개념에 반기를 들면서 군주에게 요구되는 덕으로서 고대 로마 공화정 당시의 비르투에 해당하는 '남성다움', '용맹스러움', '단호함' '상황에 대한 기민한 판단력' 등을 강조하였다. 원래 라틴어의 '비르(vir)'는 어원상 남성을 의미하며 비르투(virtú)는 남성다움, 정력적인 활동 및 군사 활동과 연관된 탁월함을 지칭하였다(Pitkin 1972, 308). 하지만 이러한 로마적인 덕의 개념은 로마가 기독교화됨에 따라 기독교적인 덕의 의미로 바뀌게 되었다. 그리하여 오늘날 기독교의 영향 하에 영어의 덕(virtue)은 통상 도덕적인 속성을 가리키는 말이 되었다.[7]

따라서 마키아벨리가 비르투라는 단어를 쓰는 경우 아주 드물게만 기독교적인 덕을 의미하고 대부분의 경우에는 초기 로마 공화정 시기의 비르투에 해당하는 남성적인 속성인 '용감함', '대담함', '원기왕성함' 등을 가리킨다. 즉, 마키아벨리는 초기 로마 공화정의 정신으로 돌아가 군주에게 남성다움 또는 전사(戰士)로서의 덕을 요구했던 것이다.[8] 마키아벨리 사상에 나타난 덕에 대한 개념상의 혁신은 정치적 행위자에게 요구되는 정치적인 덕이 일반 사적인 생활에서 요구되는 윤리적인 덕과 구별된다는 점을, 곧 정치 영역의 독자성을 상징적으로 보여주는 것이라고 생각된다(Pitkin 1972, 308~310).

그러나 마키아벨리가 도덕적인 덕보다는 권력의 기술(the technique of power) 문제에 골몰했다고 해서 정치와 도덕의 일반적인 문제에 관해 무관심했던 것은 결코 아니다. 오히려 그는 정치에 있어서 도덕의 문제에 관해 어떤 사상가 못지않게 민감했다고 해석할 수 있다. 이 문제에 대한 통념적인 오해를 불식시키기 위해 마키아벨리 사상에 있어서 정치와 윤리의 문제에 관한 두 가지 논점을 지적할 필요가 있다.

첫째, '『군주론』의 전반적 개요'에서 자세히 설명한 것처럼, 마키아벨리는 정치의 영역에서 윤리적인 덕이 자동적으로 공적인 덕으로 전환되지 않으며, 사적으로는 비윤리적인 행위가 공적 영역에서는 덕이 될 수 있다는 점을 지적하고자 했다. 남을 잘 신뢰하고 약속을 잘 지키는 것이 사적인 영역에서는 유덕한 행위이지만 공적으로는 유덕한 행위가 아닐 수 있다는 것이었다. 왜냐하면 인간의 이기심과 재화의 희소성으로 인해 폭력과 기만이 난무하고 한 개인의 사활이 아니라 공동체 전체의 사활이 걸린 정치 영역에서 그러한 행위는 치명적인 결과를 가져올 수 있기 때문이었다.

마찬가지로 사적인 영역에서 남을 속이거나 폭력을 수반하는 잔인한 행위는 유덕한 행위가 아니겠지만, 공적인 영역에서는 전체 공동체에 유익한 결과를 가져오기 때문에 유덕한 행위가 될 수 있다고 주장했다. 그러나 이것은, 월린이 지적한 것처럼, 마키아벨리가 공적인 영역에서 항상 사적인 윤리에 반해 행동하는 것이 적합하다고 주장한 것이 아니라 사적인 윤리규범이 적용되지 않는 정치적 상황의 특수성과 한계를 지적하고자 부단히 노력한 결과이다. 즉, 마키아벨리는 대부분의 정치적 상황이 불안정하고 유동적이기 때문에 국가공동체와 인민은 사적인 개인과는 다른 방법으로 통치되어야 한다는 점을 지적하고자 했던 것이다(월린 1993, 203).

이 점에서 마키아벨리의 정치적 윤리관은 막스 베버(Max Weber)가 "소명으로서의 정치(politics as a vocation)"에서 구분한 '확신의 윤리(ethics of conviction)'와 '책임의 윤리(ethics of responsibility)' 중 책임의 윤리에 해당하는 것이라고 해석할 수 있다. 베버에 따르면, 확신의 윤리는 동기가 선하면 주어진 행위는 그 결과에 상관없이 선하다고 전제한다. 따라서 나쁜 결과가 나온다면, 그것은 행위자의 책임이 아니라 불합리한 세상의 책임이며, 이는 행위자가 고려할 필요가 없다고 주장한다. 예를 들어 확신의 윤리는 '악에 대해서 무력으로 저항하지 말라'고 가르치는데, 만약 그러한 행위로 인해 악인의 소행이 더욱 기승을 부리게 된다면, 이것은 행위자의 잘못이 아니라 오직 그 악인의 잘못일 뿐이다. 이에 반해 책임의 윤리는 인간의 평균적인 악을 전제하고, 이를 감안하여 행동해야 하며, 따라서 동기의 선함보다는 결과의 선함이 더 중요하다고 주장한다. 베버의 이러한 구분이 문제가 없는 것은 아니지만, 기독교적 윤리관은 확신의 윤리에, 마키아벨리의 정치적 윤리관은 책임의 윤리에 상응한다고 볼 수 있다(Gerth and Mills 1958, 120~127).

둘째로, 마키아벨리는, 『군주론』의 여러 구절에서 나오듯이, 정치적 행위가 사적인 행동에 공통적으로 적용되는 기준에 부합하는 상황을 지적하고자 고심했다. 곧 마키아벨리는 정부가 안정되고 확고한 상황에서 운영된다면 정부는 연민, 신뢰, 정직함, 인륜, 그리고 종교와 같은 기존의 덕에 따라야 한다는 점을 강조했던 것이다(월린 1993, 203). 그리고 이와 같은 상황에서는 공적인 윤리와 사적인 윤리가 일치하여야 한다고 역설했다.

물론 그는 기본적으로 정치적 행위에 관한 규범을 사적인 관계를 규율하는 규범으로부터 분리시키고 구별하였지만, 이 경우에도 정치적 상황이 군주를 포함한 정치적 행위자에게 권력의 획득과 유지를 위해서 비정하고 냉혹한 행위를 강요하는 경우가 비일비재하기 때문에 정치적 삶보다는 사인(私人)으로서의 삶이 우월하며, 영혼의 구원을 원하는 자는 차라리 정치 영역에 들어서지 않는 편이 낫다고 여러 구절에서 고백하고 있다.

이러한 고백은 정치적 행위자가 정치적 결정을 내리는 데 사인으로서는 하고 싶지 않고 또 해서는 안 될 반(反)윤리적인 행위를 선택해야 될 경우가 많으며, 이러한 선택에는 도덕적으로 많은 고뇌가 수반된다는 점을 마키아벨리가 익히 인식하고 있었음을 의미한다. 이는 정치적 상황이란 선과 악 중에서 일목요연하게 택일하는 것이 아니라 '악(evil)'과 '보다 적은 악(less evil)' 중에서 '보다 적은 악'을 선택할 것을 요구하는 속성을 지니고 있음을 지적하는 것으로서, 마키아벨리 사상의 현실주의적 면모를 여실히 보여준다.

결론적으로 정치와 통상적 윤리의 관계에 관한 마키아벨리 사상의 특징을 월린은 다음과 같이 요약한다.

> 정치적 행위자는 정상적인 환경에서는 기존의 도덕률에 따라 행동하지만, 불가피한 상황에서는 새로운 지식이 수반된 독자적인 정치적인 윤리가 작용하게 되는 긴장된 분위기에서 역할을 수행해야 한다. 각각의 윤리는 그 자체로서는 부적절하다.

정치적 윤리에 의해 정당화된 통상적으로 나쁜 행위는 통상적인 도덕의 금지적 압력에 의해 제지되지 않으면 무한한 야망과 그것의 모든 파괴적인 결과를 조장한다. 다른 한편 통상적인 도덕은 그것이 예견하지 않았던 상황에까지 확대되어 적용되면, 사적(私的)인 도덕을 가능케 했던 질서와 권력을 파괴하는 결과를 낳을 것이다(월린 1993, 205).

정치에서의 외양과 본질

마키아벨리의 정치 사상을 논할 때 '외양(外樣 ; appearance)' 의 문제를 또한 빼놓을 수 없다. 그는 정치의 핵심을 '상징' 과 '외양' 으로 파악했다. 정치적 행위자로서 통치자는 능란한 위선자요 가면을 쓴 사람이어야 하며, 실제로 그렇지 않은 경우에도 성실함, 자비, 인간애 및 신앙심을 지니고 있는 것으로 보여야 한다. 마키아벨리의 정치 사상에서 '외양' 의 강조는 대체로 네 가지 함의를 지닌 것으로 보인다. 이를 간단히 살펴보도록 하자.

첫째, 마키아벨리는 정치가 '본질(또는 실재 ; what is)' 의 영역이 아니라 '외양(what appears)' 의 영역에 속하는 것으로 파악한다. 플라톤과 같은 그리스 사상가나 중세의 정치 사상가들이 정치 영역에서 철학적 진리나 종교적 진리를 구현하고자 하여 정치 현상을 이러한 원리에 따라 규율하고자 하였다면—가령 플라톤의 경우 정치권력은 좋음의 이데아를 실현하고자 하는 것이며 그 정당성도 철학적 지식에서 나온다—, 마키아벨리에게 정치는 쉴 새 없이 변하는 생성과 현상의 영역이기 때문에 철학적 진리나 종교적 진리의 적용을 거부한다.

마키아벨리에게 있어서 군주나 정치적 행위자들이 권력을 통해 추구하는 것은 영혼의 완성이나 진리의 실현이 아니라 '영광(glory)'과 '명예(honor)'였는데, 이것도 외양의 속성에 불과하다. 현대 민주주의 정치가 구현하고자 하는 '여론(public opinion ; 다수의 의견)'에 의한 정치도 고대 그리스 철학 이래 '의견(opinion ; doxa)'이란 것이 진리의 영역이 아니라 현상의 영역에서 포착된 주관적이고 불완전한 억측을 지칭해 왔기 때문에, 정치의 핵심을 다분히 현상과 외양으로 파악한 산물이라고 볼 수 있다.

둘째, 마키아벨리는 기만과 폭력이 횡행하는 정치 상황에서 정치적 행위자는 정치적 적들로부터 자신을 보호하기 위한 일종의 보호색으로서 능숙한 가장(假裝)과 위선을 필요로 한다는 의미에서 외양의 중요성을 강조한다. 대부분의 정치적 상황이 불안정하고 유동적이기 때문에, 정치적 행위자가 한결같이 일관되게 기존의 도덕률을 따르게 되면, 그의 행위는 적에게 쉽게 노출되고 간파되어 정치적으로 파멸할 위험이 커진다. 그리고 이것은 정치행위자 개인의 파멸에 그치지 않고 종종 정치공동체의 사활에 관련된 중요한 결과를 초래하는 것이 정치적 상황이기도 하다. 따라서 통치자는 외국의 적으로부터 자신의 국가를 보호하기 위해서 또는 국내의 적으로부터 자신의 권력을 보호하기 위해서 적절한 위장과 기만을 통해 외양을 조작할 필요가 있다는 것이다.

셋째, 정치와 윤리의 관계에 대한 논의에서 이미 지적한 것처럼, 마키아벨리는 정치 상황의 역설적인 속성 때문에 정치 영역에서는 외양상 덕으로 보이는 것이 악덕이 되고, 외양상 악덕으로 보이는 것이 덕이 되는 상황이 빈번하게 발생한다고 지적했다. 예를 들어 정치 상황에서 통치자의 관후함은 국고를 탕진하게 되고 이것은 궁극적으로 인민의 세금에 의해 충당되기 때문에 악덕으로 전환되는 반면, 통치자의 인색함은 사적으로는 악덕이지만 세금부담을 줄이고, 그 결과 신민들에게 보다 많은 재산을 남겨 놓기 때문에 공적으로는 덕이 된다는 것이다(『군주론』, 109~113).

다른 또 하나의 예는 자비로움과 잔인함이다. 통치자가 자비로워서 쉽게 죄인을 용서하면 기강이 문란해져서 권력과 질서를 유지하기 힘들어지고, 급기야 엄격하고 잔인한 통치를 해야 되는 상황에 봉착하기 때문에 결과적으로 초기의 자비로움이 악덕이 되는 반면에, 잔인함이라도 절약해서 사용하면, 기강을 바로 잡아서 나중에 자비스러움보다도 더 관대한 결과를 가져오기 때문에 덕이 된다는 것이다. 즉, 후자는 단지 소수의 사람에게만 해를 가하고 나머지는 두려움에 의해서 제지를 받는 반면에, 전자는 무질서를 양산하여 전체 공동체에 해를 입히거나 아니면 나중에 더 많은 사람에게 보다 잔인한 조치를 취해야 되는 결과를 초래한다는 것이다(『군주론』, 115~116). 그러나 일반 대중은 정치행위자의 본질을 직시하는 것이 아니라 외양만 보고 판단하기 때문에, 어느 경우이든, 정치행위자가 외양상 관후하고 정직하고 인자하게 보임으로써 인민의 환심을 사고 지지를 유지하는 것은 긴요하다.

넷째, 앞의 논점과 관련된 것으로, 통치자는 통상의 윤리로부터 일탈하여 정치 상황의 필연적 논리에 따라 행동해야 될 경우가 많은데, 그 경우에도 권력의 유지에 필수적인 대중의 지지를 확보하기 위해서 능숙한 가장(假裝)과 위선이 필요하다는 인식이다. 물론 앞에서 지적한 대로 정상적인 정치 상황이라면 통치자는 기존의 도덕과 규범을 준수해야 하고, 따라서 위선과 가장을 필요로 하지 않을 것이다. 하지만 통치자는 필연의 요구에 의해 독자적인 정치윤리에 따라 통상 반도덕적으로 여겨지는 행위를 취해야 될 경우가 있다.

마키아벨리는 이 경우에도 정치와 통상적인 윤리 간의 긴장과 갈등관계를 가급적 외양의 조작을 통해서 해소해야 된다는 점을 강조하고 있다(『군주론』, 109, 124~126). 즉, 정치적 행위가 부득이 통상의 윤리적 규범에서 일탈해야 하는 경우에도 적절한 외양의 조작을 통해서 그 사이를 메우거나 그럴듯한 핑계나 구실을 제시하여 그 충격을 축소하도록 노력해야 된다는 것이다. 항상 정직하게 행동하지는 않더라도 정직하게 보이는 것, 신의를 지키는 것처럼 보이는 것, 관후하게 보이는 것 등 통상의 윤리적 규범을 존중하고 준수하는 것으로 보이는 것은 중요하다(『군주론』, 124).

이러한 외양의 조작을 통해서 정치적 행위자는 사적인 윤리에 반하여 행동해야 되는 경우에도 사적인 윤리에 근거한 비난의 화살을 피하고, 인민 대중의 환심과 지지를 유지·획득할 수 있을 것이다. 이처럼 마키아벨리는—비록 외양의 조작을 통한 것이지만—군주에게 대중의 지지가 필수불가결함을 명시적으로는 물론 은연중에도 역설함으로써『군주론』에서조차 자신의 공화주의적 사상을 드러내고 있으며, 멀리는 근대의 인민주권론의 맹아적 형태를 제시하고 있다고 할 수 있다.

그런데 이러한 외양의 조작을 통한 대중적 지지의 확보는 정치와 위선(僞善)의 관계 그리고 정치의 대중조작과 관련하여 두 가지의 중요한 의미를 내포하고 있다. 첫째, 마키아벨리는 군주나 정치적 행위자가 인민의 지지를 확보하기 위해 외양의 조작을 구사할 수밖에 없다는 점, 즉 위선의 가면을 써야 한다는 점을 강조하고 있다. 하지만 정치적 행위자가 항상 위선의 가면을 써야 한다는 사실은 행위자에게는 커다란 윤리적 부담이 아닐 수 없다. 비록 가면을 벗고 진면목을 드러낼 경우 치러야 하는 부담과 대가보다는 적겠지만 말이다.

영어로 '위선이란 악덕이 덕에게 바치는 공물(供物)이다(Hypocrisy is a tribute vice pays to virtue)' 라는 말이 있는데, 이는 위선행위가 그 반도덕성에도 불구하고 덕이 악덕에 비해 우월하다는 점을 끊임없이 시인하게 하는 행위라는 의미를 띠고 있다. 즉, 갖가지 외양의 조작을 통해 선한 인물처럼 보이고자 하는 악인은 선과 도덕의 우월성을—그 위선자가 자기기만에 빠지지 않는 한—항상 타인은 물론 자신 앞에서 고백하는 셈이다. 그렇기 때문에 역설적으로 정치 행위자는 정상적인 정치상황에서는 가급적 통상의 윤리를 좇아서 행동함으로써 그러한 심리적·윤리적 부담으로부터 해방되고자 하는 충동을 가지게 될 것이다.

따라서 마키아벨리는 정치 행위자가 상황에 따라 통상의 윤리와 구별되는 독자적인 정치적 윤리에 따라 행위해야 할 필요성이 있음을 역설하면서도 동시에 행위자에게 가급적

이를 통상의 윤리에 따라 위장하라고 조언함으로써 궁극적으로 독자적인 정치적 윤리에 대한 통상적 윤리의 우월성과 우선성을 긍정하고 있다고 할 수 있다.

두 번째 함의는 마키아벨리가 독자적인 정치적 윤리의 적용과 이를 은폐하기 위한 외양의 조작을 예외적이고 비정상적인 정치 상황에 대처하기 위한 처방으로서 제시했음에도 불구하고, 이러한 처방은, 앞에서 '마키아벨리즘'의 의미를 논할 때 지적한 것처럼, 마키아벨리의 본래 의도와는 달리 정치 일반에 확대·적용될 수 있는 가능성을 항상 지니고 있다. 마키아벨리는 대중의 환심과 지지를 얻기 위해 외양의 조작을 강조했지만, 이러한 외양의 조작이 자신이 의도한 상황에서만 이루어지는 것이 아니고 정치 영역에 일상화될 때 어떠한 함의를 갖게 될 것인가의 문제에 관해서는 깊은 생각을 하지 않았던 것 같다.

여기서 이 점에 대한 자세한 논의는 생략하고, 다만 서구에서 민중의 지속적이고 끈질긴 투쟁을 통해 확보된 현대의 민주주의가 절차적으로는 민주주의적 외관을 가지고 있음에도 불구하고, 실질에 있어서 인민주권론과 민주주의를 이름뿐인 허울에 불과하게 만든 중요한 요소 중의 하나가 정치적 선전과 상징조작—곧 외양의 조작—에 근거한 대중정치라는 점만을 지적하고자 한다.

비르투와 운명

　마지막으로, 마키아벨리 정치 철학의 핵심 개념인 '자율' 개념의 모호한 지위를 이해하기 위해 '운명(fortuna)' [9]과 비르투의 관계를 분석하지 않을 수 없다. 운명은 그의 사상에서 인간의 자율성 추구를 가장 위협하는 존재로 부각된다. 따라서 운명에 대한 마키아벨리의 관념은 자율성의 추구와 동전의 앞뒷면을 구성한다. 궁극적으로 운명에 대한 마키아벨리의 이미지는 "인간의 조건, 인간 행위의 가능성과 한계" 에 관한 그의 가르침의 핵심을 구현하고 있다(Pitkin 1984, 138).

　원래 포르투나(fortuna)는 인간에게 운(행운과 악운)을 가져다주는 로마의 여신이었다. 나중에 운(명)이란 변덕스럽고, 가변적이며 예측할 수 없다는 형용사가 붙게 되었으며,

또 그러한 속성은 여성의 기질로 파악되었다. 따라서 고대사
회에서 인간은 운명의 여신을 달래거나 간청하는 것을 통해
그녀에게 영향을 미치고자 하였다. 전체적으로 여신의 이미
지는 비록 변덕스럽지만 좋은 삶과 물질적인 재화(소유물과
재산)를 가져다주는 존재로서 긍정적이었다. 운명의 여신은
빈번히 비르투—운명의 권능에 대항할 수 있는 인간의 남성
적인 활력 또는 능력—와 짝지어 나타났다. 그러나 운명에 대
한 비르투의 역할은 여신에 대한 직접적인 통제보다는 인간
의 자기 통제—예를 들어 용기나 지혜의 함양, 열정의 통제
등—를 지향하는 것이었다(Pitkin 1984, 138~139).

그러나 유럽의 기독교화와 더불어 이교도의 신인 운명의
여신은 이제 기독교적 신의 섭리를 위해 일하는 보조신의 역
할을 떠맡게 되었다. 운명의 여신은 속세에서 인간의 능력과
보상 간에 아무런 정의가 존재하지 않음과 물질적 재화에만
의존하는 세속적 삶의 변화무쌍함을 드러냄으로써 오직 기
독교적인 영혼의 덕에 바쳐진 삶이 고귀하다는 교훈을 가르
치는 신으로 전환되었다. 따라서 운명의 여신은 인간의 간청
이나 달램에 영향을 받지 않는, 무자비한 필연성을 강조하는
신으로 변모하게 되었던 것이다(Pitkin 1984, 139~140).

그러나 운명에 대한 이러한 관념은 르네상스와 더불어 점
진적으로 변화하기 시작했다. 르네상스 시대 이탈리아에서 재

수용된 운명은 르네상스인들의 항해, 탐험, 무역에 대한 관심으로 인해 '폭풍우'라는 의미를 추가적으로 떠안게 되었다. 그리고 운명에 대한 인간의 영향력도 증대하기 시작했다. 곧 운명은 인간의 권능과 개입을 통해 영향을 미칠 수 있는 존재로 인식되기 시작하였던 것이다. 그 결과 점차적으로 운명이 가진 힘의 한계, 운명을 변화시킬 수 있는 인간 행위의 가능성, 역사에 있어서 인간의 자율성 등이 르네상스 사상의 핵심적 문제로 떠오르기 시작했다(Pitkin 1984, 141~142).

마키아벨리는 운명에 관해 로마시대와 르네상스시대의 이러한 관념을 물려받았고, 또 발전시켰다. 마키아벨리에게 운명은 여신이고, 때로는 강이나 폭풍이며, 종종 비르투와 갈등관계에 서 있다. 그러나 운명은 더 이상 중세 기독교인들의 견해처럼 신의 섭리의 대행자로서 속세의 무상함을 가르치는 교사가 아니었다. 따라서 마키아벨리가 운명을 비르투와 대치시켰을 때, 그것은 인간이 단순히 운명의 일격을 견디면서 스스로를 수동적으로 단련해야 하는 것이 아니라 적극적인 대응을 통해 그 일격을 통제해야 한다는 것이었다. 운명을 여성으로 인격화한 것은 오래되었지만, 마키아벨리야말로 그 비유를 성적인 정복의 차원에서 활용한 최초의 인물인 것처럼 보인다(Pitkin 1984, 143~144).

…… 운명의 신은 여신이고 만약 당신이 그 여자를 손아귀에 넣고자 한다면, 그녀를 거칠게 다루는 것이 필요하기 때문이다. …… 그녀는 항상 젊은 사람들에게 이끌린다. 왜냐하면 젊은 사람들은 덜 신중하고, 보다 공격적이며, 그녀를 더욱 대담하게 다루기 때문이다(『군주론』, 175).

그러나 운명의 힘이 인간에게 미치는 진정한 범위는 어디까지인가? 이것이 마키아벨리가 『군주론』 제25장에서 제기하는 질문이다. "운명은 인간사에서 얼마나 많은 힘을 행사하는가, 그리고 인간은 어떻게 운명에 대처해야 하는가." 여기에서 운명에 대한 두 비유가 등장한다. 하나는 운명을 '강'에 비유하는 것이고, 다른 하나는 운명을 '여성'에 비유하는 것이다. 비록 두 비유 모두 인간의 적극적 활동성을 시사하지만, 그것들은 인간의 행위에 대한 모순된 함의를 담고 있다(Pitkin 1984, 148). 먼저 제25장에서 마키아벨리는 많은 사람들이 인간의 능력으로 세상사를 통제할 수 없다고 체념하는 태도에 반발하여 "…… 인간의 자유의지를 박탈하지 않기 위해 나는 운명이란 우리 활동 중 반의 주재자일 뿐이며, 대략 나머지 반은 우리의 통제에 맡긴다는 것이 진실일 수도 있다고 판단한다"(『군주론』, 170~171)[10]고 주장한다.

그리고 나서 마키아벨리는 운명을 위험한 강에 비유한다.

"이 강은 노하면 평야를 덮치고, 나무나 집을 파괴하고, 이쪽 땅을 저쪽으로 옮겨 놓기도 한다. 모든 사람들이 그 격류 앞에서는 도망하며, 어떤 방법으로든 제지하지 못하고 굴복하고 만다"(『군주론』, 171). 그러나 만약 계획을 세워 일찍부터 신중하게 대비하면, 예를 들어 "강이 평온할 때 인간이 제방과 둑을 쌓아 예방조치를 취한다면"(『군주론』, 171) 운명의 파괴적인 힘을 통제할 수 있으며 인간사에 있어서 변덕스러운 변화를 줄일 수 있다. 이처럼 운명을 '범람하는 강'으로 비유하는 데서 요구되는 인간의 적절한 대비책은 '신중함'이다(Pitkin 1984, 149~151).

그러나 이어서 등장하는 서술에서는 이러한 대비책의 효용이 부정되고 만다. 신중함을 포함하여 어떤 정책도 모든 상황에 요구되는 행위의 성공적인 지침이 될 수 없기 때문이다. "한 사람은 신중하게 다른 사람은 격렬하게, 한 사람은 강력하게 다른 사람은 교활하게, 한 사람은 참을성 있게, 다른 사람은 성급하게 나아간다"(『군주론』, 172). 그런즉 어떤 간단한 규칙이 항상 통용되는 것이 아니다. 따라서 "시대와 상황에 알맞게 자신의 성격을 변화시키는" 사람만이 항상 성공할 수 있다(『군주론』, 173).

그러나 마키아벨리는 이러한 기대가 잘못된 것임을 즉각 시인한다. 왜냐하면 사람은 결코 자신의 타고난 성질을 버리고 행동하지 못하기 때문이다. 예를 들어, 교황 율리우스 2세와 같이 과감하게 모든 일을 처리하여 성공한 사람은 신중하게 행동하는 것이 필요한 상황에 처하면 어떻게 대처해야 하는지 알지 못해 몰락하고 말 것이기 때문이다(『군주론』, 173~175 ; Pitkin 1984, 151~152).

『논고』에도 『군주론』에서와 비슷한 생각이 나온다. "운명은 사람들이 그녀의 계획에 반하는 일을 하지 못하기를 원할 때, 사람들의 지성을 마비시켜 버린다"라는 제목을 달고 있는 제2권 제29장에서 운명의 위력은 다시 한 번 거의 무적(無敵)으로 나타난다(『논고』, 389). 그녀는 '하늘'과 동일시되며, 심지어 유덕한 인간도 그녀와 대결하는 존재라기보다는 그녀가 사용하는 도구에 불과하다. 그리하여 운명이 위대한 업적을 가져다주고자 계획할 때, 그녀는 적절한 인물을 선택한다. 반면에 운명은 엄청난 파국을 가져다주고자 할 경우에는 그러한 파국을 촉진시키는 인물을 등장시킨다. 그리고 운명에 대적할 만한 인물이 있다면, 운명은 그를 죽이거나 아니면 그 사람이 어떤 효과적인 대처를 할 수 있는 모든 수단을 빼앗아버린다(『논고』, 389~392).

그러나 재앙을 초래하는 운명의 동기는, 로마에 대해 그랬던 것처럼, 그녀가 선호하는 인물이나 국가에게 시련을 안겨줌으로써 그들을 강화시키기 위한 것일 수도 있다(『논고』,

392). 이러한 구절들은 운명에 대해 인간이 더 이상 저항할 수 없다는 결정론적인 입장을 드러내는 것처럼 보인다. 그러나 인간의 딜레마는 또한 운명의 필연적인 힘에 굴복하여 체념하면, 그러한 체념이 자기완성적인 예언이 되어 운명의 필연성을 재확인하고 재강화하는 것으로 귀결된다는 것이다. 따라서 마키아벨리는 이 장을 어설픈 희망과 인간의 활동성(activism)에 대한 어색한 강조로 끝맺고 있다(Pitkin 1984, 152).

> 그렇다고 인간은 아주 패배한 것처럼 체념할 필요는 없다. 왜냐하면 인간은 운명의 목적을 알지 못하고 운명 또한 구부러진 미지의 길을 따라 움직이므로, 인간은 어떠한 운명이나 어떠한 고난에 처해 있든지 항상 희망을 품어야 하고 절망해서는 안 되기 때문이다(『논고』, 393).

그리하여 다음 장을 마칠 때에 이르러 마키아벨리는 다시 한 번 운명의 권능을 제한하고 극복하는 방식으로 비르투를 호명한다. 그리고 "고대의 모범을 터득하고 탁월하게" 본받아 "운명이 자신의 영향력이나 권능을 발휘하기 위해 일상적으로 할 수 있는 일이 별로 없다는 점을 보여줄 정도로 운명을 잘 다스리는" 지도자가 출현할 것을 기대하기도 한다(『논고』, 398; Pitkin 1984, 153).

『논고』 3권에서 인간의 행동을 시대에 적응시키는 주제가 다시 논의된다. 인간은 일을 처리하는 방식이 시대가 요구하는 바에 잘 부합할 때 성공한다. 하지만 인간은 두 가지 이유로 그들의 방식을 바꿀 수 없다. 첫째는 과거에 성공적으로 작용했던 행동방식을 포기하라고 사람들을 설득하는 것이 불가능하기 때문이고, 둘째는 그렇게 설득한다고 할지라도 사람들은 본성이 이끄는 것에 반해 행동할 수 없기 때문이다(『논고』, 463~464). 그리하여 자연(본성)의 도움으로 운명의 위력은 다시 한 번 승리를 거두게 된다(Pitkin 1984, 153).

마키아벨리가 운명의 탓으로 돌리는 많은 특정한 사건들을 상세히 검토해 보면, 그것들은 인간의 이성으로는 전적으로 설명이 불가능한 신비적인 것이나 초자연적인 것이 아니라, 종종 통상적인 것이며, 단지 주어진 상황에서 관련된 행위자들이 예견할 수 없었던 것임이 드러난다. 그것들은 합리적으로 이해할 수 있고 종종 예견할 수 있었던 인간의 선택이거나 자연적인 사건이다. 다만 마키아벨리가 관찰자 입장에서 서술하고 있는 주요 인물들이 합당하게 이것을 예상하고 대비할 수 없었을 뿐이다.

이러한 맥락에서 그들에게 그 사건은 우발적인, 곧 운명의 작용이었다는 것이다. 이러한 관점에서 볼 때, 일정한 사건을 운명이라 지칭하는 것이 지닌 함의는 인간의 선택과 행위라는 정치적 맥락에서 볼 때 항상 인간이 예상치 못한, 통제할 수 없는 요소들이 있다는 것이다. 이것이 바로 행위자로서 인간이 처하는 인간적 조건이자 정치적 상황이다. 따라서 인간사에서 비르투와 운명의 상호작용은 불가피하다(Pitkin 1984, 164~165).

이러한 상호작용에서 인간은 자신의 행위를 시대에 적응시키는 것이 최선이지만, 개인의 기질은 그에게 천성적으로 주어진 것이다. 따라서 마키아벨리에게 운명의 힘은 특히 그것이 자연(본성)의 힘과 결합되었을 때 총체적이다. 인간의 성격과 비르투가 그의 출생, 양육 및 경험에서 비롯되는 것인 한, 그것들 자체가 운명의 산물이기 때문이다. 그것들 자체가 운명이라면 그것들은 운명에 대항하는 자율적인 힘이 될 수 없다(Pitkin 1984, 158).

궁극적으로 마키아벨리에게 운명은 그의 사상 전반을 꿰뚫고 있는 인간 현실에 대한 비전, 정치 행위자의 남성성 및 자율성, 문명의 성과를 보존하고자 투쟁하는 인간들에 대한 비전이다. 마키아벨리는 사람들에게 이 투쟁에서 적극적인 노력을 기울일 것을 호소하지만, 그는 "때때로 어떤 면에서" 그 투쟁이 희망이 없으며, "인간은 인간사를 다스릴 수 없다"는 믿음에 빠져들기도 한다고 고백한다(『군주론』, 170 참조; Pitkin 1984, 169).[11]

4장

왜 『군주론』을
읽어야 하는가

마키아벨리의 최후

　마지막으로 '마키아벨리의 최후'에 대해 서술하고, 마키아벨리 사상과 관련하여 '정치와 진리/진실' 그리고 마키아벨리 사상이 동아시아 정치 사상에 시사하는 점을 논하면서 제1부를 마치고자 한다.

　마키아벨리가 『논고』에서 주로 로마 공화정을 논하고 있지만, 그는 『논고』는 물론 『군주론』, 『전술론』 등 모든 저작을 통해 항상 자신이 태어난 조국 피렌체의 통치자들이 저지른 과오와 실책, 그리고 부패한 피렌체의 쇄신을 염두에 두고 있었다. 마치 19세기 프랑스 사상가 토크빌이 후일 『미국 민주주의』를 서술하면서도, 혁명과 반동의 와중에서 정치적 격동과 불안을 겪고 있는 자신의 조국 프랑스의 정치적 상황을 염두에 두었듯이 말이다.

무릇 모든 사상이 자전적(自傳的)이듯이, 마키아벨리의 정치 사상도 예외는 아니다. 마키아벨리가 자율성을 대외적으로는 자주성, 대내적으로는 자유로운 정부, 개인에게는 인간의 주체성으로 파악했지만, 이 세 요소에 비추어 자신과 자신의 조국이 처한 상황을 보았을 때, 자신과 조국은 실패작이었다. 피렌체는 자주성을 잃고 끊임없이 프랑스, 스페인 등 주변 강대국의 침략과 개입에 시달리고 있었다. 자신이 봉직하던 피렌체의 자유로운 공화정은 스페인의 개입에 의해 붕괴되고 메디치 왕정이 복귀되었으며, 시민들은 전제정치 하에서 영위하는 삶을 노예상태로 인식하지 못할 정도로 총체적인 부패의 늪에 빠져 있었다.

그리고 그 자신 역시 『군주론』의 「헌정사」에서 밝힌 것처럼, "엄청나고 잔혹한 불운에 의해서 …… 많은 부당한 학대를 겪고" 있었던 것이다(『군주론』, 10). 그러나 체념은 금물이기 때문에 그는 메디치 왕정 하에서도 "활동적인 공직"으로 복귀하고자 『군주론』을 메디치 군주들에게 헌정했으며, 그의 최대의 소망은 여전히 "비록 우리 메디치가의 군주들이 나에게 돌을 굴리는 일을 시키는 것으로 시작할지라도 그들에게 유용한 사람"이 되는 것이었다(스키너 1993, 94). 그리고 칩거생활 동안 "시대와 운명의 악의로 인해 당신이 실천할 수 없었던, 그러나 가치 있는 그런 일들을 다른 사람들에게 가르치는 것은 선량한 사람의 의무"이기 때문에 『논고』를 집필하는 데 몰두하기도 했다(『논고』, 265).

앞에서 마키아벨리의 생애에 대해 서술할 때, 마키아벨리가 피렌체 교외에서 칩거하면서 일단의 인문주의자 및 공화주의자들과 교제를 한 사실—『논고』를 집필하게 된 배경—까지만 언급했다. 그 이후 마키아벨리의 생애를 서술하면 다음과 같다. 『군주론』의 헌정 대상이었던 로렌초가 요절하고 그의 사촌인 줄리오(Giulio) 추기경[12]이 1520년 피렌체의 지배권을 승계하게 됨에 따라 마키아벨리는 메디치 궁정에 재차 소개되었다. 그리하여 동년 11월 피렌체의 역사에 대해 저술하라는 임무를 부여받고 『피렌체사(史)』를 집필하는 한직을 떠맡기도 하였다(스키너 1993, 131). 그러나 메디치 왕정은 1527년 프랑스군의 로마 약탈, 이로 인한 교황의 도주, 메디치 가문에 대한 인민의 봉기 등으로 인해 마침내 붕괴되고, 1527년 5월 16일 피렌체에는 바야흐로 공화정이 복원되었다.

이는 운명의 반전에 의해 공화주의자 마키아벨리가 애타게 기다리던 절호의 기회가 닥쳐온 것으로, 그에게는 진정 기쁨과 환희의 순간이었으리라. 그는 의당 공화정의 복원과 더불어 예전처럼 활동적인 공직에 복귀하고자 하는 희망을 품었던 것으로 보인다. 하지만 새로운 공화주의자들에게 마키아벨리는 한낱 늙고 하찮은 메디치가의 가신(家臣)에 불과한 인물로 비쳤기 때문에, 그 뜻을 이루기는 거의 불가능했다 (스키너 1993, 141~142). 다행히 마키아벨리에게 마지막 남은 비르투마저 소진시켜 버린 절망적인 체념은 오래가지 않았다. 충격을 받은 마키아벨리는 곧 병을 얻었고, 1527년 6월 21일 세상을 떠났기 때문이다.

정치와 진리/진실

앞에서도 여러 차례 언급한 것처럼 마키아벨리의 사상은 당대의 사회는 물론 지금까지도 세간에서 악명을 떨치고 있다. 『군주론』이 발간되자마자 교황청의 금서목록에 오른 사실이 그 단적인 예이다. 현대에 이르러서는 미국의 정치 철학자인 고(故) 레오 스트라우스(Leo Strauss)가 마키아벨리를 '악의 교사'로 지목하기도 했다(월린 1993, 202). 하지만 마키아벨리가 『군주론』에서 제시한 일견 반도덕적이고 악명 높은 조언들은 당대의 많은 군주나 정치지도자들이 현실정치에서 실행하던 지침들을 좀더 의식적이고 체계적으로 정식화한 것에 불과했다. 즉, 권력의 획득·유지·행사를 둘러싼 벌거 벗은 현실을 백일하에 드러낸 것에 지나지 않았던 것이다. 그

과정에서 인간의 사악함과 기만성이 드러났다면 이는 마키아벨리의 사상에서 비롯된 것이 아니라, 단순히 정치 현실이 그러한 원리에 따라 규율되었기 때문이다.

그러나 현실의 정치지도자를 포함하여 우리 모두는 인간의 사악함을 직시할 만한 용기를 가지지 못하는 경우가 대부분이다. 많은 경우에 인간은 자신의 적나라한 모습을 감당할 용기를 가지고 있지 못하다(위선은 본질적으로 자기기만으로 발전할 가능성이 높다). 진실을 감당할 용기가 없기 때문에 또는 진실을 알고 싶어 하지 않기 때문에, 우리는 알고도 모른 척하며, 친밀한 사이에도 속고 속이는 경우가 적지 않다. 그리고 이는 개인과 개인의 사사로운 관계에도 적용될 뿐만 아니라 집단적인 자기최면이나 자기기만의 형태로 공동체에도 적용된다. 이처럼 공동체에서의 자기기만을 마르크스는 '이데올로기(=허위의식)'로 개념화했다. 위정자는 권력의 적나라한 현실을 드러내고 싶어 하지 않겠지만, 동시에 대부분의 일반 시민들도 이를 직시하고 싶어하지 않는다.

일본인들이 과거 제국주의시대에 자신들이 저지른 참혹한 행위를 잊고 싶어 하고 그 때문에 역사를 은폐하거나 날조하듯이, 우리 대다수는 한국 군대가 월남전에서 어떠한 잔혹행위를 저질렀는지 알고 싶어 하지 않는다. 마찬가지로 자기 어머니가 죽었는데도 슬퍼하지 않고 사람을 죽였는데도 참회하지 않는 비정한 인간을 감당할 수 없었기 때문에—곧 사회가 적나라한 진실을 감당할 수 없었기 때문에—카뮈의『이방인』의 주인공 뫼르소는 형장의 이슬로 사라져야 했다.

마키아벨리는『군주론』에서 정치세계에 만연된 위선의 탈을 벗기고 정치 현실의 진면목을 명료하게 묘사하였다.『군주론』에 드러난 적나라한 정치 현실에 관한 진실을 당대의 군주나 오늘날의 현실 정치가는 말할 것도 없이 우리들 또한 믿고 싶어 하지 않기 때문에 우리 자신을 대신해서 마키아벨리를 규탄하는 것, 곧 속죄양으로 만드는 것인지도 모른다.

즉, 우리는 많은 경우에 뫼르소의 진실과 마키아벨리의 진실을 우리의 자화상의 일부로서 시인하고 감당할 용기가 없기 때문에 그들에게 격분하고 그들을 단죄하고자 하는 것인지도 모른다. 소크라테스가 역설한 자기 자신에 대한 지식(self-knowledge)은 개인의 경우는 물론 공동체의 경우에도 고통스럽고 성취하기 힘든 것이다. 아니 어쩌면 일정한 정도의 위선은, 인류 역사가 보여주듯이, 영혼의 평온과 공동체의 평화를 위해 필요불가결한지도 모른다.

마키아벨리 사상과 동아시아 정치 사상[13]

고대 이슬람 문명이나 인도 문명 등에도 있었겠지만, 고대 동아시아에도 마키아벨리보다 훨씬 이전에 현실주의 정치 사상가들이 있었다. 눈치 빠른 독자는 이미 머릿속에 떠올렸겠지만, 춘추전국시대 법가로 대표되는 상앙(商鞅)·이사(李斯)·한비자(韓非子)야말로 현실주의 정치 사상가의 대명사라 할 수 있다.

예를 들어 상앙이 지은 『상군서』는 여러 면에서 마키아벨리의 『군주론』과 너무나 유사하다. 반역죄로 인해 처형당한 상앙의 운명도 실제 정치에서 내동댕이쳐진 마키아벨리의 운명과 비슷했다. 그러나 마키아벨리가 현실주의 사상으로 이탈리아 통일에 별다른 영향을 미치지 못한 반면, 상앙의 제자인 이사는 진시황의 참모로서 진시황의 천하통일(B.C. 221년)에 커다란 기여를 했다. 따라서 세계 정치 사상사에서 상앙을 비롯한 법가야말로 정치적으로 성공한 현실주의 정치 사상가로서 공인받아야 할 것이고, 법가의 저술들이 마키아벨리 못지않게 또는 마키아벨리보다 더 동아시아는 물론 전 세계적으로 현실주의 정치 사상의 '고전'으로 읽혀져야 할 것이다.

하지만 서구인들과 대부분의 한국인들에게 마키아벨리는 상대적으로 친숙한 인물인 반면, 상앙 등 법가는 낯선 인물로 남아 있다(물론 조선시대 양반들이나 평민들에게는 그렇지 않았을 것이다). 그렇기 때문에 오늘날 한국의 지식 대중은 마키아벨리에 대해 모르면 부끄러움을 느낄 법하지만, 법가를 모르는 것에 대해서는 그렇지 않다. 왜 그렇게 되었을까? 이것은 과연 바람직한 것인가? 아니면 불가피한 것인가?

내가 『서구 중심주의를 넘어서』(강정인, 2004)에서 밝힌 것처럼, 간단히 말해 그 원인은 서구 중심주의에 따라 오늘날 서구문명이 보편적이고 우월한 문명으로서 전 세계에 군림하고 있기 때문이다. 다시 말해 서구인은 물론 대다수의 비서구인이 서구문명의 군림을 수용하기 때문이다. 그 결과 서구의 정치 사상은 보편적인 정치 사상이 되었고, 정치 사상에 관한 서구의 고전은 단순히 서구문명을 넘어 모든 비서구문명에서도 고전으로 읽히고 있다.

예를 들어, 영국의 케임브리지 대학이 발간하고 있는 『케임브리지 정치 사상사 고전 총서 *The Cambridge Texts in the History of Political Theory*』는 100권에 달하지만, 동양의 대표적인 고전인 『논어』나 『도덕경』 또는 불경은 물론 다른 비서구 사상가의 고전은 전혀 소개되지 않고 있다. 이와 함께 서구를 비롯하여 비서구 문명권에서도 비서구 문명권의 정치 사상과 고전은 가치가 없는 것으로 망각되거나 아니면 지역적인 것으로 격하되고 있다.

이와 관련하여 우리가 생각해 볼 점은, 정치 사상을 연구하는 많은 학자들이 당연하다고 받아들이듯이, 정치 사상이 담고 있는 진리나 통찰력이 보편적이지 않다는 것이다. 우리가 '보편적'이라는 말을 '평등하게 그리고 원칙적으로 모든 곳에서 적용되는'이라는 의미로 받아들인다면, 서구의 정치 사상이든 동아시아의 정치 사상이든, 결코 보편적이지 않고 보편적일 수도 없다. 그러나 보편적이라는 말을 단지 '모든 곳에 퍼져 있는, 우세한, 보급된'이라는 의미로 받아들인다면, 서구의 정치 사상은 현대사회에서 (다른 문명권의 사상과 비교하여 상대적으로) '보편적'이 되었다.

이러한 보편성은 서구문명의 세계지배—식민주의, 제국주의, 신식민주의, 발전주의, 지구화 등 가지각색의 권력현상(강제력과 설득)—에 의해 초래된 것으로서 그람시가 부르주아 계급의 계급지배를 놓고 개념화한 '헤게모니'적 지배형태와 유사하다. 비유컨대, 서구 정치 사상은 '민주주의', '영어', '자동차', '컴퓨터', '맥도널드'와 마찬가지로 보편적으로 되었고, 또 필수불가결하게 느껴질 정도로 유용성을 지니게 되었다.

다른 한편 '케임브리지 정치 사상사 고전 총서'가 비서구 문명의 사상가나 그들의 저작을 전혀 포함하지 않고 있다는 사실은 서구인들이 자신의 문명의 보편성을 표방·주장하면서도, 인류의 대다수를 포함하고 있는 비서구 문명권의 경험과 지혜를 제대로 소화해내지 못하고 있으며, 또 비서구 문명에 살고 있는 사람들의 삶을 온전히 설명해낼 수 있는 잠재력이 결여되어 있다는 점을 시사한다. 예를 들어, 미국의 정치철학자인 한나 아렌트(Hannah Arendt)는 『전체주의의 기원 *The Origins of Totalitarianism*』이라는 저술을 통해 세계적인 명성을 떨쳤지만, 그 책에서 아렌트는 일본의 전체주의에 대해서는 일언반구의 논의도 하지 않았다.

따라서 일견 보편적인 제목을 달고 있는 아렌트의 『전체주의의 기원』으로부터 우리는 일본의 전체주의에 대해서는 어떠한 지식이나 통찰도 얻을 수 없다. 따라서 아렌트의 전체주의에 대한 설명은 그의 의도와는 달리 전혀 보편적이지 않거나, 아니면 일본의 전체주의는 세계사의 변방에서 일어난 일탈적인 사실로서 전혀 주목할 가치가 없다는 (서구인들의 암묵적) 합의를 내포하고 있다는 비판이 가능하다.

다소 비약이 있기는 하지만, 이 점에서 서구 정치 사상사는 보편적인 과학이론과 같은 위상을 갖는다기보다는 정치에 대한 '담론(이야기)의 전통' 이라고 할 수 있다. 그리고 서구 문명이 (서구적?) 근대를 주조하고 패권문명으로 전 세계에 군림하게 됨에 따라, 그 담론은 보편성의 외양과 실질을 갖추게 되었다. 마치 유태민족의 민족설화인 『구약』의 「창세기」가 기독교와 결합하여 세계화됨에 따라, 아담과 이브가 인류의 시조로 격상된 인류의 탄생설화가 만들어졌듯이 말이다.

만약 서구 정치 사상사를 '담론의 전통' 이라고 말하는 것이 다소 낯설게 여겨진다면, 적어도 '보편성' 과 관련해서 우리는 서구 정치 사상이, 인기 스포츠인 축구나 컴퓨터 게임인 스타크래프트가 보편적이 되는 것과 유사한 과정을 거쳐, 보편적이 되었다고 말할 수 있다.

서구의 정치 사상사를 '담론의 전통' 으로 파악하는 것은 한편 '케임브리지 정치 사상사 고전 총서' 에 상앙이나 한비자의 저술이 포함되지 않은 이유를 설명할 수 있다. 마키아벨리의 저작인 『군주론』이나 『논고』 등은 과거의 사상가인 키케로, 세네카, 아리스토텔레스, 타키투스 등 고대 그리스·로마의 철학자나 역사가들의 저작에 대한 논평을 담고 있고, 마키아벨리 사후에는 루소, 몽테스키외, 해링턴, 버크, 마르크스 나아가 그람시에 이르기까지 후일 서구의 정치가나 정치이론가들의 끊임없는 관심의 대상이 되어왔다. 그리고 그에 대한 호의적인 또는 적대적인 논평을 남겨 놓음으로써 서구 정치 사상사의 전통—이야기—을 구성해 왔다.

반면에 『논어』나 『도덕경』은 물론이고 법가의 저술들은 서구 정치 사상사에 통합되어 그 전통의 일부로서 소화되지 못했기 때문에 기껏해야 흥미로운 국외자로서의 지위를 차지할 뿐이다. 따라서 동아시아의 정치 사상에 관한 저술들이 정치에 관한 심오한 통찰과 비전을 담고 있다 할지라도 무시되거나 소홀히 취급되어 온 것이다.

정치 사상사에 관한 이러한 해석과 진단이 우리에게 던지는 함의는 무엇인가? 지난 150년간 서세동점에 의해 서구문명을 자발적이든 비자발적이든 받아들임에 따라, 우리는 우리의 모든 정치·경제·사회·문화 제도를 서구적인 것으로 새롭게 주조해 왔고, 그 바탕에 깔려 있는 서구의 근대화된 전통적 가치와 사상을 수용하여 자기화하기 위해 몰두해 왔다.

따라서 오늘날 우리가 받아들인 서구문물 역시, 유교와 불교 등이 우리 문화의 전통을 구성하듯이, 조만간 우리의 전통을 구성하게 될 것이다. 그러나 그 과정에서 우리가 긍정적인 성과를 거두는 한편 심각한 대가를 치르기도 했다는 점을 잊어서는 안 될 것이다. 곧 우리는 우리의 옛 전통을 소홀히 함으로써 '우리의 역사와 문화로부터의 소외'를 경험해 왔고, 공동체 전체가 항상적인 정체성의 위기와 가치관의 혼란을 겪어 왔던 것이다.

그러나 정체성의 위기가 항상 부정적인 영향력만을 행사하는 것은 아니다. 서구문명과 동아시아 문명의 공존과 혼란으로 인해 정체성의 위기를 겪는 한편, 동해바다에서 만나는 난류와 한류처럼 교차하고 있는 동서양의 풍성한 사상적 자원을 우리의 정치적 비전을 위해 적극 활용함으로써 새로운 문명을 창조할 수 있는 가능성을 맞이하고 있기 때문이다.

따라서 정치 사상의 입장에서는 서구 정치 사상에 대한 우리의 이해를 심화시켜 우리 것으로 소화시키는 한편, 종래 소홀히 여겨 왔던 동아시아 정치 사상을 새로운 시각과 방법에 따라 창조적으로 분석하고 조명함으로써 새로운 '제3의 문명'을 창조하는 데 앞장서야 할 것이다(『서구 중심주의를 넘어서』에서 나는 후자와 관련된 작업을 '전통의 현대화'라고 명명한 바 있다). 여기서 다소 모호하게 호명된 제3의 문명이 취하는 입장은 전통사상과 서구사상의 균형적인 섭취를 강조하는 것이고 양자의 비판적이고 창조적인 융합을 추구하는 것이다.

이 과정에서 나는 다음과 같은 세 가지 이유로 동아시아 문명의 전통적인 사상적 자원을, 보수적 차원에서든 진보적 차원에서든, 적극적으로 재해석·재활용하는 것이야말로 앞에서 언급한 바 있는 서구 중심주의를 비판적으로 지양할 수 있는 학문적 대안이라고 생각한다.

첫째, 동아시아의 문화적 유산은 인류문명의 보편적 자산으로서의 가치를 지니고 있기 때문에 서구의 발전된 사상과 '호환 가능성'을 확보할 수 있고 확보해야 한다. 둘째, 동아시아 문명은 서구문명이 보유하지 않은, 잠재적이고 현재적인 귀중한 자원을 보유하고 있기 때문에, 생태학적 비유를 사용한다면 생물다양성(biodiversity)의 차원에서, 그것을 보존·확충·쇄신할 필요가 있다. 셋째, 그 유산이 우리의 정체성을 구성하고 있고 우리에게 친숙하기에 우리는 그 유산을 좀더 효과적으로 계발할 수 있는 전략적 위치에 있다.

이러한 지적을 국지적인 차원에서 마키아벨리에 대한 우리의 연구과제와 결부시켜 본다면, 그것은 마키아벨리의 현실주의 사상을 상앙·이사·한비자 등으로 대표되는 춘추전국시대의 법가사상과 비교·분석하여 양자의 공통점과 차이점을 확인하고 양자의 결함과 한계를 극복하여 적절히 융합해냄으로써, 동서양의 현실주의 정치 사상의 한계를 넘어선 새로운 현실주의 정치 사상을 만들어내는 작업이 될 것이다.

2부

본문 Il principe

1513년에 원고가 완성된 『군주론』은 많은 사람들 사이에서 필사본 형태로 읽혀지다가 그의 사후 1532년 비로소 출간되었는데, 그 내용에 대한 비난이 거세지자 1559년 교황 파울루스 4세에 의해서 교황청의 금서 목록에 등재되기도 했다. 현대에 이르러서는 미국의 정치 철학자인 고(故) 레오 스트라우스(Leo Strauss)가 마키아벨리를 '악의 교사'로 지목하기도 했다. 그러나 『군주론』은 정치 권력의 현실이 어떤지를 보여주는 것이다. 마키아벨리는 정치 현상에서 종교적 가치나 윤리적 측면을 최소화하여 고려하고, 권력의 획득·유지·팽창을 중심으로 보았던 것이다.

1장

헌정사

마키아벨리가 위대한
로렌초 데 메디치 전하[14]께 올리는 글

군주의 환심을 사고자 하는 자들에게는 자신들의 소유물 중 가장 소중하게 여기는 것이나 군주가 받고 기뻐할 것을 가지고 군주를 찾아뵙는 것이 관례화되어 있습니다. 그러므로 군주들은 종종 말, 무기, 금박의 천, 보석, 기타 군주의 드높은 위엄에 적합한 장신구 따위를 선물로 받곤 합니다. 저 역시 전하에 대한 충성심의 표시로 무엇인가 바치고자 했으나, 제가 가진 것 중 근래에 일어난 사건들에 대한 지속적인 경험과 고대사에 대한 꾸준한 독서를 통해서 습득한 위대한 인간들의 행적에 관한 지식만큼 귀중하고 가치 있는 것은 없다는 점을 깨닫게 되었습니다. 따라서 저는 이러한 사안들을 정성 들여 검토하고 성찰했으며, 그 결과를 한 권의 작은 책자로 정리하여 전하께 바치고자 합니다.

물론 전하께 바치기에 이 저작은 여러 모로 부족한 점이 많다고 생각되지만, 오랫동안 갖은 시련과 위험을 무릅쓰고 제가 배운 모든 것을 전하께서 단시일 내에 쉽게 알아볼 수 있도록 정리했기 때문에, 자비로운 전하께서 그나마 이것이 제가 바칠 수 있는 최대한의 선물이라고 생각하고 받으시리라 믿습니다. 저는 이 저작을 쓸 때에 문장 끝의 어색한 운율, 고상한 어조나 멋있는 구절, 기타 대부분의 작가들이 자신들의 주제를 기술하고 꾸미기 위해서 사용하는 외양상의 수사나 인위적인 기교를 일체 사용하지 않았습니다. 왜냐하면 저의 책이 존중된다면, 그것은 외양상의 수사나 기교가 아니라 오로지 그 책의 독창성과 주제의 중요성에서 비롯되어야 한다는 것이 저의 소망이었기 때문입니다.

저는 신분이 낮고 비천한 지위에 있는 사람이 감히 군주의 통치를 논하고 그것에 관한 지침을 제시하는 것이 건방진 소행으로 여겨지지 않기를 희망합니다. 풍경화가가 산이나 기타 높은 곳을 그리기 위해서 골짜기와 같은 저지대에서 바라보고, 평원과 같은 곳을 그리기 위한 좋은 전망을 확보하기 위해서는 높은 곳에 올라가곤 합니다. 마찬가지로 인민의 성격을 적절히 이해하기 위해서는 군주가 될 필요가 있고, 군주의 성격을 적절히 이해하기 위해서는 인민의 한 사람이 될 필요가 있습니다.

그렇다면 전하께서는 부디 이 작은 선물을 제가 보낸 뜻에 따라 받아주십시오. 만약 이 책을 꼼꼼하게 읽고 그 뜻을 새기면, 저의 깊은 소망, 즉 전하께서 운명과 전하의 탁월한 능력이 약속하고 있는 위대함을 성취해야 한다는 뜻을 헤아리게 될 것입니다. 그리고 위대하신 전하께서 그 높은 곳에서 어쩌다 여기 이 낮은 곳에 눈을 돌리면, 제가 엄청나고 잔혹한 불운에 의해서 얼마나 많은 부당한 학대를 겪고 있는가를 보게 될 것입니다.

2장

마키아벨리의
정치 사상

마키아벨리의 정치 형이상학 : 역사

『로마사 논고』[25] 서문 : 역사의 가치

"고대 실례의 가치"

그런데 사람들이 고대에 얼마나 많은 존경을 바치는지, 그리고 얼마나 빈번히 (숱한 다른 실례들을 제쳐놓는다 해도) 고대의 조상(彫像) 한 조각을 비싼 값을 지불하고 구입하는지를 고려해 보자. 그들은 자기 가까이 두기 위해, 자기 집안의 명성을 드높이기 위해 그리고 조각에 능한 자들로 하여금 모조품을 만들게 하기 위해 그것을 사들인다. 그리고 그 예술가들이 최상의 솜씨로 모든 작품에서 그것을 모방하려 한다는 점을 나는 잘 알고 있다.

다른 한편 고대의 왕국이나 공화국에서 수행한 가장 귀중한 활동들이 역사책에 잘 기록되어 있는데도 불구하고, 왕, 장군, 시민, 입법가들 등 자신의 조국을 위해 노력한 사람들의 활동은 말로만 찬양할 뿐, 본으로 삼지 않는다는 사실에 주목하게 된다(오히려 그러한 업적을 모든 사람들이 거의 전적으로 외면하기 때문에 그러한 고대 문물의 가치는 우리에게 흔적조차 남아 있지 않다).

나는 이러한 세태에 대해 놀라움을 느끼는 동시에 한탄을 하지 않을 수 없다. 게다가 시민들 사이에 일어나는 민법상의 분쟁이나 질병에 관해 으레 고대인들이 내린 판단 또는 처방한 치유책에 의존하는 것을 볼 때 나는 더더욱 놀라지 않을 수 없다. 민법은 고대의 법조인들이 피력한 의견을 정리한 것에 불과한데, 오늘날 잘 정리되어 법조인들이 판결하는 데 많은 도움을 주고 있다. 그리고 의학도 고대의 의사들이 거듭한 실험 결과에 불과하며 오늘날의 의사들이 거기에 입각하여 진단을 내리는 것이다. 그럼에도 불구하고 국가의 수립, 정부의 유지, 왕국의 통치, 군대의 조직, 전쟁의 수행, 신민들 간의 법률 집행, 제국의 확장 등에 관해서는 어떤 군주나 공화국도 이제 더 이상 고대의 선례를 참고하지 않는다.

"티투스 리비우스의 『로마사』에 관해 설명할 것이다"

이러한 현상은 현재의 종교가 이 세상에 초래한 무기력함 또는 많은 기독교 지역이나 도시에서 교만한 게으름이 초래한 해악에서도 비롯되지만, 그에 못지않게 역사책을 제대로 이해하지 못한 결과, 우리가 그 책을 읽더라도 거기에 담겨진 참된 의미나 묘미를 제대로 터득하지 못한 데에서도 비롯된다고 믿는다. 이로 인해 다수의 독자들은 단지 그 책들이 담고 있는 다양한 사건에 귀를 기울이는 데에만 즐거움을 느끼고, 그것들을 본받으려는 생각은 추호도 하지 않는다. 그들은 하늘, 태양, 원소 및 인간들이 그 운동, 배치 및 능력에서 과거와 달리 커다란 변화를 겪기라도 한 것처럼 과거를 본받는 것은 어려운 일일뿐만 아니라 불가능한 일이라고 단정한다.

그러므로 사람들이 이러한 오류로부터 벗어나길 바라는 마음에서, 나는 세월이 흘러도 훼손되지 않은 채 보존되어 있는 티투스 리비우스의 모든 저작으로부터 고대와 현대의 사실들에 대한 나의 지식에 근거하여 그 사실들을 잘 이해하는 데 필요하다고 판단되는 것을 추려내어 집필하고자 결심했다. 이러한 작업은 나의 이 저작을 읽은 사람들이 그 책에 익숙하다면 얻을 수 있었을 이득을 쉽게 얻을 수 있게 만들어 줄 것이다. 그리고 이러한 작업은 어렵지만, 나는 이런 부담을 떠맡도록 격려한 사람들의 지원에 힘입어 이 작업을 잘 수행하고자 한다. 그리하여 후일 이 작업을 떠맡은 누군가가 단지 약간의 노력만 보탬으로써 잘 완성할 수 있기를 희망할 뿐이다.

『군주론』 제3장 복합군주국

"약소국가를 다루는 법"

또한 내가 이미 말한 것처럼 그의 본국과 (풍습이나 언어가) 다른 지역의 국가를 정복한 군주는 인접한 약소국가들의 맹주가 되어 스스로 보호자의 역할을 담당하고, 그 지역의 강력한 국가를 약화시키도록 노력하며, 돌발적인 사태로 인해서 외부의 강력한 국가가 개입하지 않도록 만반의 태세를 갖추어야 한다. 지나친 야심이나 두려움[15]으로 인해 불만을 품은 자들은, 역사상 그리스에서 아이톨리아인들이 로마인의 침입을 유인했을 때처럼, 언제나 강력한 외세를 끌어들이기 마련이다. 그리고 로마가 공격한 모든 나라에서 원주민들의 일부가 로마인들의 침입을 지원했다.

통상 강력한 침략자가 어느 나라를 공격하기만 하면, 모든 약소 세력들[16]이 그에게 모여드는데, 그 이유는 그들이 그때까지 자신들을 지배하던 통치자에게 질투 섞인 불만을 품고 있었기 때문이다. 침략자는 이러한 약소 세력들의 환심을 사려고 할 때, 그들이 이미 그가 획득한 새로운 권력을 지지하는 성향을 가지고 있기 때문에, 아무런 어려움에 부딪치지 않는다. 그는 단지 그들이 너무 많은 군사력이나 영향력을 얻지는 못하도록 조심하면 된다. 그리고 그는 자신의 군대를 그들의 지원 하에 사용함으로써 강력한 세력을 쉽게 진압할 수 있고 그 나라를 완전히 장악할 수 있다. 이런 식으로 행동하지 않는 지배자는 그가 얻은 것을 쉽게 잃을 것이며, 그가 얻은 것을 유지하는 동안에도 무수히 많은 환란과 분규를 겪게 될 것이다.

『군주론』 제3장 복합군주국

"로마인들이 채택한 통치방식"

로마인들은 자신들이 점령한 나라에서 이러한 정책을 아주 훌륭하게 시행했다. 그들은 식민지를 세우고, 약소 세력과의 우호관계를 (그들의 영향력을 증대시키지 않으면서) 유지했으며, 강력한 세력을 진압하고, 정복된 지역에서 강력한 외세가 영향력을 얻지 못하도록 조처했다.

적절한 예로써 나는 단지 그리스의 경우만을 인용하겠다. 로마인들은 아카이아인들 및 아이톨리아인들[17]과 우호관계를 유지했다. 마케도니아 왕국을 쳐부수고, 안티오코스를 몰아냈다. 하지만 로마인들은, 아카이아인들이나 아이톨리아인들이 비록 많은 공헌을 했지만, 그들의 세력이 강성해지는 것을 결코 허용하지 않았다. 필리포스[18]는 동맹으로 받아들여지기를 원했지만, 로마인들은 그의 권력이 재기하는 것을 허용하지 않았다. 심지어 안티오코스가 강력한 세력으로 버티고 있었음에도 불구하고, 그리스의 어떠한 영토도 그들에게 허용하지 않았다.

『군주론』 제3장 복합군주국

"선견지명 : 전쟁을 연기하는 것"

이러한 사례에서 알 수 있듯이 로마인들은 현명한 군주라면 누구나 할 수 있는 조치를 취한 것이다. 이러한 조치들은 현재의 분규뿐만 아니라 미래에 일어날지도 모르는 분규에 대한 배려를 필요로 하며, 이러한 사태를 극복하기 위해서 모든 수단을 강구해야 한다. 왜냐하면 분규를 그 최초의 징후부터 감지하면 처방을 구하기가 쉽지만, 만약 늦도록 방치하여 커지면 질병을 치료할 수 없게 되어 백약이 무효가 되기 때문이다. 의사들이 소모성 열병에 대해서 말하는 바는 이 경우에 적용된다. 즉, 질병의 초기에는 치료하기는 쉬우나 진단하기가 어려운 데에 반해 초기에 발견하여 적절히 치료하지 않으면 시간이 흐름에 따라서 진단하기는 쉬우나 치료하기는 어려워진다.

국가를 통치하는 일도 또한 마찬가지이다. 왜냐하면 정치적 문제를 일찍이 인지하면(이는 현명하고 장기적인 안목을 가진 사람만이 가능하다),[19] 문제가 신속히 해결될 수 있기 때문이다. 그러나 인식하지 못하고 사태가 악화되어 모든 사람이 알아차릴 정도가 되면 어떤 해결책도 더 이상 소용없게 된다.

로마인들은 재난을 미리부터 예견했기 때문에 항상 대처할 수 있었다. 그들은 전쟁을 피하기 위해서 화근이 자라는 것을 결코 용납하지 않았다. 왜냐하면 그들은 전쟁이란 피할 수 있는 것이 아니라 단지 적에게 유리하도록 연기되는 것에 불과하다는 점을 익히 알고 있었기 때문이다. 바로 이러한 이유로 그들은 이탈리아에서 필리포스와 안티오코스를 맞아 싸우는 것을 피하기 위해 선수를 쳐서 그리스에서 그들과 전쟁하는 것을 택했다.

또한 로마인들은 그리스에서 그 두 세력을 상대로 싸우는 것을 피할 수도 있었겠지만 피하지 않기로 결정했다. 더욱이 로마인들은 우리 시대의 현인들이 흔히 말하는 '시간을 끌면서 이득을 취하라'는 격언을 결코 받아들이지 않았다. 오히려 그들은 자신들의 힘과 신중함에서 나오는 이득을 취하는 것을 선호했다. 왜냐하면 시간은 모든 것을 몰고 오며, 해악은 물론 이득을, 이득은 물론 해악을 가져오기 때문이다.

『군주론』 제4장 알렉산드로스 대왕이 정복했던 다리우스 왕국은 왜 대왕이 죽은 후 그의 후계자들에게 반란을 일으키지 않았는가

"두 가지 유형의 국가"

새로 정복하게 된 영토를 유지할 때 직면하는 어려움을 고려할 때, 다음과 같은 사실에 우리는 놀란다. 알렉산드로스 대왕은 불과 수년 만에 중근동 지방의 패자가 되었고, 그 뒤 곧 세상을 떠났다. 그렇다면 전 지역이 반란을 일으켰으리라고 기대할 법하다. 하지만 알렉산드로스의 후계자들[20]은 영토를 유지하는 데에 아무런 어려움이 없었고, 단지 그들 자신의 야심에서 비롯된 어려움만 있었을 뿐이었다.

이를 설명하기 위해서는 역사상 알려진 모든 공국은 두 가지 방법 중 하나의 방법으로 통치되어왔다는 점을 상기할 필요가 있다. 그 하나는 한 사람의 군주가 사실상 그의 가신들, 곧 그의 은덕과 임명을 통해서 국정을 보좌하는 사람들의 도움을 받아 통치하는 것이고, 다른 하나는 군주가 제후와 더불어 통치하는데, 그 제후들은 군주의 임명이 아니라 세습적인 권리를 통해서 그 지위를 차지한 경우이다. 그러한 제후는 자신의 영토와 신민들을 보유하고 있으며, 신민들은 그를 주인으로 인정하고 자연스럽게 그에게 충성을 바친다. 군주와 가신에 의해서 통치되는 국가에서 군주는 보다 많은 권위를 누리는데, 이는 전 영토에 걸쳐서 군주 외에는 주인으로 인정되

는 자가 없기 때문이다. 비록 신민들이 다른 사람들에게 복종한다고 해도, 이는 그들이 단지 군주의 신하이거나 관리이기 때문이지, 개인적으로 그들에게 충성하기 때문은 아니다.

『군주론』 제4장 알렉산드로스 대왕이 정복했던 다리우스 왕국은 왜 대왕이 죽은 후 그의 후계자들에게 반란을 일으키지 않았는가

"투르크와 프랑스의 예"

이러한 두 가지 통치 유형의 비근한 사례는 투르크의 술탄과 프랑스 왕이다. 투르크 왕국 전체는 한 사람의 군주에 의해서 지배되고 다른 사람들은 모두 그의 가신에 불과할 뿐이다. 그 왕국은 산자크(sanjaks)라는 행정구역으로 나뉘어 있는데, 각 지역에 그는 다양한 행정관을 파견하고, 그가 원하는 바에 따라서 그들을 교체하거나 이동시킨다. 그러나 프랑스 왕은 수많은 세습 제후들로 둘러싸여 있으며, 그 제후들은 각 지역에서 자신들에게 충성을 바치는 신민들을 거느리고 있다. 제후들은 각각의 고유한 세습적인 특권을 가지고 있으며, 그 특권은 왕도 함부로 건드리지 못한다. 이 두 유형의 국가를 비교·고찰하면, 투르크 유형의 국가는 정복하기가 어렵지만, 일단 정복하면 유지하기가 쉽다. 반면에, 프랑스와 같은 국가는 정복하기가 쉽지만 유지하기는 매우 어렵다.

『군주론』 제4장 알렉산드로스 대왕이 정복했던 다리우스 왕국은 왜 대왕이 죽은 후 그의 후계자들에게 반란을 일으키지 않았는가

"투르크 : 정복하기는 어려우나 유지하기는 쉽다"

투르크 왕국을 정복하기 어려운 이유는, 첫째, 그 왕국의 신하들이 외국으로부터 원조를 구할 가능성이 없다는 것이다. 둘째, 통치자 주위의 신하들이, 이미 언급한 이유로, 반란을 일으켜 외세의 침입을 용이하게 할 가망성이 없다는 것이다. 귀족들이 모두 통치자의 가신들이고 그가 임명하여 그 자리에 올랐기 때문에, 그들을 타락시키기란 여간 어렵지 않으며, 설사 성공한다고 해도 주민들이 이미 언급한 이유로 인해서 귀족들을 추종하지 않기 때문에 별 이득을 기대할 수 없다.

따라서 투르크의 술탄을 공격하고자 하는 자는 누구나 의당 적이 일치단결하여 대항할 것이라는 점을 염두에 두어야 하며, 자신의 군대를 신뢰해야지 적의 분열을 기대해서는 안 된다. 그러나 만약 승리를 거두고 적에게 재기할 수 없을 정도로 결정적인 패배를 가했다면, 이제는 군주의 가문을 제외하고는 더 이상 어떠한 장애물도 남아 있지 않을 것이다. 군주의 가문을 단절시켜버리면, 어느 누구도 주민들을 동원할 만한 지위에 있지 않기 때문에, 저항의 구심점은 소멸해버릴 것이다. 정복자가 그의 승리 이전에 그들로부터 어떠한 도움도 기대할 수 없었던 것과 마찬가지로, 승리 후에는 그들을

두려워할 이유가 없다.

『군주론』 제4장 알렉산드로스 대왕이 정복했던 다리우스 왕국은 왜 대왕이
죽은 후 그의 후계자들에게 반란을 일으키지 않았는가

"프랑스 : 정복하기는 쉬우나 유지하기는 어렵다"

프랑스와 같이 지배되는 왕국에서는 이와 반대되는 현상
이 나타난다. 즉, 그곳에는 항상 불만을 품은 세력과 정권을
전복하고자 하는 무리들이 있기 때문에 당신은 그 왕국의 일
부 제후들과 결탁함으로써 쉽게 진격할 수 있다. 이미 제시한
이유로 인해서 그들은 당신의 전투를 지원하여 승리를 얻도
록 도와줄 수 있다. 하지만 그 후에 당신이 획득한 것을 지키
고자 할 때, 당신은 당신을 도운 무리들과 당신의 침략으로
인해서 고통을 당한 자들로부터 무수히 많은 시련을 겪게 될
것이다. 새로운 반란을 일으킬 태세가 되어 있는 귀족들이 남
아 있기 때문에 군주가문의 혈통을 단절시키는 것만으로는
충분하지 않다. 실로 당신은 그들을 만족시킬 수도 파멸시킬
수도 없기 때문에 상황이 불리해지면 언제나 그 나라를 잃게
될 것이다.

『군주론』 제4장 알렉산드로스 대왕이 정복했던 다리우스 왕국은 왜 대왕이 죽은 후 그의 후계자들에게 반란을 일으키지 않았는가

"로마사에 나오는 비근한 사례"

이제 다리우스 왕국의 정부 형태를 살펴보면, 투르크 왕국과 닮았다는 것을 발견하게 될 것이다. 그렇기 때문에 알렉산드로스는 정면 돌파를 통해서 결정적인 승리를 거두는 수밖에 없었다. 그 후에 다리우스가 죽었기 때문에 알렉산드로스는 앞에서 말한 이유에 따라서 확실하게 자신의 권력을 유지할 수 있었다. 만약 알렉산드로스의 후계자들이 일치단결했더라면, 그들은 자신들의 권력을 순조롭게 유지할 수 있었을 것이다. 왜냐하면 그 왕국에서 일어난 분규란 단지 그들 자신의 소행에서 비롯된 것이었기 때문이다. 그러나 프랑스와 같이 조직된 국가를 그와 같이 순탄하게 통치하는 것은 불가능하다.

바로 이 점이 스페인, 프랑스[갈리아] 및 그리스 지역에서 로마에 대한 반란이 빈발했던 이유를 잘 설명하고 있다. 왜냐하면 이러한 나라들에는 많은 공국들이 있었기 때문이다. 이들 공국들에 대한 기억이 지속되는 한, 로마인들은 이 영토들의 확보를 결코 확신할 수 없었다. 그러나 로마인들의 지배가 오래 지속되어 그 기억이 퇴색되었을 때, 이들 지역에 대한 로마인들의 지배는 확고해졌다. 그러나 로마인들이 나중에 자중지란에 빠졌을 때,[21] 파벌의 각 지도자들은 자신들이 거

기에서 획득한 권위에 따라서 이 나라들의 지역을 지배할 수 있었다. 그리고 이 지역들에서 예전의 지배자들의 혈통이 단절되었기 때문에, 이 지역들은 다양한 로마 지도자들의 권위만 받아들였다.

『군주론』 제4장 알렉산드로스 대왕이 정복했던 다리우스 왕국은 왜 대왕이 죽은 후 그의 후계자들에게 반란을 일으키지 않았는가

"상이한 나라와 상이한 문제"

이상의 모든 사실들을 감안한다면, 한편 알렉산드로스 대왕이 쉽게 근동지방에서의 지배를 용이하게 유지했던 사실과, 다른 한편 피루스나 기타 여러 지배자들이 정복지를 매우 어렵게 통치했다는 사실에 관해서 의아스럽게 생각할 필요가 없다. 이처럼 상반된 결과는 정복자의 능력 여하에 따른 것이 아니라 정복된 지방의 특성 차이에 기인한 것이라고 말할 수 있기 때문이다.

『군주론』 제5장 점령되기 이전에 자신들의 법에 따라서 살아온 도시나 군주국을 다스리는 세 가지 방법

"세 가지 방법"

앞 장에서 언급한 것처럼 주민들이 스스로 만든 법제도 하에서 자유스럽게 사는 데에 익숙해진 국가를 병합했을 경우,

그 나라를 다스리는 데에는 세 가지 방법이 있다. 첫째, 그들의 정치제도를 파괴하는 것이고, 둘째, 직접 통치를 실시하여 그 나라에서 사는 것이며, 셋째, 자신들의 법제도에 따라서 계속해서 예전처럼 살게 내버려두면서, 공물을 바치게 하고 당신과 지속적으로 우호적인 관계를 유지하는 과두정부를 수립하는 것이다. 그 과두정부는 새로운 군주에 의해서 수립되었기 때문에, 그 존속이 군주의 선의와 권력에 의존한다는 것을 알 것이고 따라서 현상(現狀)을 유지하고자 매우 노력할 것이다. 만약 정복자가 독립을 누리고 자유로운 제도를 운용하는 데에 익숙한 도시를 다스리고자 한다면, 그 시민들을 이용하여 다스리는 방법보다 더 쉽게 그 나라를 유지할 수 있는 방법은 없을 것이다.

스파르타인들과 로마인들이 그 좋은 예를 보여준다. 스파르타인들은 아테네[22]와 테베[23]에 과두정을 수립하여 통치했다. 하지만 결국에는 그 나라들에 대한 통치권을 잃고 말았다. 카푸아, 카르타고 및 누만티아를 다스리기 위해서 로마인들은 그 나라들을 멸망시켰고, 그 결과 그 나라들을 결코 잃지 않았다. 로마인들은 그리스 지방에는 자치를 허용하고 스스로의 법제도 하에서 살도록 함으로써 스파르타인들이 했던 것과 유사한 방법으로 그리스를 다스리고자 했다. 그러나 이 정책은 성공하지 못했다. 그리하여 로마인들은 자신들의 지배를 관철시키기 위해서 그리스의 많은 도시들을 멸망시키지 않으면 안 되었다. 사실, 도시를 멸망시키는 것이야말로 지배를 확보하는 유일한 방법이기 때문이다.

『군주론』 제14장 군주는 군사(軍事)에 관해서 어떻게 처신해야 하는가

"과거 위인들의 모방"

지적인 훈련으로 군주는 역사서를 읽어야 하며, 특히 위인들의 행적을 조명하기 위해서 읽어야 한다. 그들이 전쟁을 수행한 방법을 터득하고, 실패를 피하고 정복을 성취하기 위해서 그들의 승리와 패배의 원인을 고찰하며, 무엇보다도 우선 위대한 인물들을 모방해야 한다. 과거의 위대한 인물들도 찬양과 영광을 받을 가치가 있다고 생각되는 그들의 선임자들을 모방하고자 했는데, 알렉산드로스 대왕은 아킬레스를 모방했고, 카이사르는 알렉산드로스를 모방했으며, 스키피오는 키루스를 모방했다고 이야기되는 것처럼 항상 선임자들의 행적을 자신들의 모범으로 삼았던 것이다.

그리고 크세노폰이 저술한 키루스의 생애를 읽은 사람이면 누구나 스키피오의 생애와 행적을 고려할 때, 크세노폰의 저작[24]에 기록된 대로 스키피오가 키루스를 모방한 것이 그가 영광을 성취하는 데에 얼마나 커다란 도움이 되었는지, 그리고 스키피오의 성적인 절제, 선한 인간미, 관대함이 얼마나

많이 키루스의 성품을 모방함으로써 얻은 것인지를 깨닫게
될 것이다.

마키아벨리 정치 철학의 핵심 개념 : 자유/자율

『군주론』 제5장 점령되기 이전에 자신들의 법에 따라서 살아온 도시나 군주국
을 다스리는 방법

"자유의 정신"

　자유로운 생활양식에 익숙해진 도시국가의 지배자가 된 자
로서 그 도시를 멸망시키지 않는 자는 누구나 그 도시에 의해
서 자신이 파멸될 것을 각오해야 할 것이다. 왜냐하면 그 도시
는 반란을 일으킬 때, 시간의 흐름과 새로운 통치자가 부여한
이득에도 불구하고 결코 잊혀지지 않는 자유의 정신과 고래의
제도를 항상 명분으로 삼을 수 있기 때문이다. 지배자가 무엇
을 하든지, 어떠한 조치를 취하든지, 그가 내분을 조장하거나
주민들을 분산시켜놓지 않으면, 그들은 결코 잃어버린 자유와

고대의 제도를 망각하지 않을 것이며, 피사가 100년 동안이나 피렌체 통치 하에 있으면서 그랬던 것처럼,[26] 유리한 기회를 포착하자마자 즉시 이를 회복하고자 반란을 꾀할 것이다.

그러나 군주의 지배에 익숙해진 도시나 나라는 그 군주의 혈통이 끊기면, 예전의 지배자는 없어졌지만 주민들에게 복종의 습성은 여전히 남아 있게 마련이다. 하지만 그들은 자신들 중에서 누구를 군주로 추대할 것인가에 관해서도 쉽사리 합의를 못하는 법이다. 게다가 그들은 어떻게 자유로운 생활을 영위할 수 있는지 알지 못한다. 그 결과 그들은 무기를 들고 지배자에게 쉽게 대항하지 못한다. 따라서 지배자는 쉽게 그들의 지지를 확보할 수 있고 그들이 자신에게 해를 끼치지 않을 것이라고 안심할 수 있다.

그러나 공화국에는 더 많은 활력, 더 많은 증오, 복수에 대한 강렬한 집념이 있게 마련이다. 사람들은 잃어버린 자유를 쉽게 잊지 못하며 실로 잊을 수도 없다. 따라서 확실한 방법은 그 나라들을 파괴해버리거나 아니면 직접 그곳에 살면서 다스리는 것이다.

『군주론』 제7장 타인의 무력과 호의로 얻게 된 새로운 군주국

"경험 없는 지배자가 겪는 어려움"

일개 평민에서 다만 운이 좋아서 군주가 된 자는 그 지위

에 쉽게 오른 셈이지만, 그 지위를 유지하는 데에는 많은 어려움을 겪는다. 거저 주은 것이나 다름없기 때문에 그 지위에 이르는 데에는 아무런 문제가 없다. 하지만 모든 시련은 그 이후에 닥쳐온다. 이러한 상황은 국가나 영토를 돈으로 사거나 또는 주는 자의 호의로 받게 되었을 때 발생한다. 이와 같은 예는 그리스에서 많이 볼 수 있는데, 다리우스 왕은 자신의 안보를 확실히 하고 영광을 드높이기 위해서 이오니아와 헬레스폰투스의 여러 도시국가에 군주를 임명했다.[27]

다른 사례로는 일개 시민이 군대를 매수하여 황제의 지위에 오른 경우를 들 수 있다. 이런 군주들의 지위는 그를 군주로 만든 자들의 호의와 운명에 전적으로 달려 있는데, 이 두 요소야말로 지극히 불확실하고 불안정한 것이다. 이런 인물들은 자신의 권력을 유지하기 위해서 필요한 지식과 능력을 가지지 못했다. 이들은 지식을 결여하고 있는데, 왜냐하면 대단한 지능과 능력을 가지고 있지 않는 한, 공직생활에 대한 직접적인 경험을 결여한 사람이 국가를 다스리는 법을 알 것이라고 기대하기란 어렵기 때문이다.

또한 이들은 능력도 결여하고 있는데, 왜냐하면 이들은 마음대로 부릴 수 있는 헌신적이고 충성스러운 세력의 뒷받침이 없기 때문이다. 게다가 태어나서 급속하게 성장한 모든 자연물들처럼, 빨리 성장한 국가는 충분히 뿌리를 내리고 줄기와 가지를 뻗을 여유가 없기 때문에, 최초로 맞이한 악천후와 같은 역경에 의해서 파괴되고 만다. 이러한 사태는, 별안간 군주가 된 자들이 운이나 호의가 가져다준 것으로부터 이득을 취할 능력을 가지고 있고 자신들의 권력을 보존하기 위해서 신속한 대책을 강구하는 법을 알고 있어서 다른 사람들이 군주가 되기 전에 쌓았던 토대를 구축하지 않는 한, 일어나게 마련이다.

군주가 되는 두 가지 방법, 즉 능력에 의한 것과 운에 의한 것을 예시하기 위해서 나는 최근의 두 가지 사례를 들고자 한다. 곧 프란체스코 스포르차와 체사레 보르자의 일화를 들겠다.

『군주론』 제7장 타인의 무력과 호의로 얻게 된 새로운 군주국

"프란체스코 스포르차"

프란체스코는 적절한 방법[28]과 자신의 대단한 능력을 이용하여 일개 시민에서 밀라노 공작이 되었다. 그는 수많은 시련 끝에 얻은 지위를 별 곤란 없이 유지했다.

『군주론』 제7장 타인의 무력과 호의로 얻게 된 새로운 군주국

"보르자는 자신의 힘에 의존하기로 결심한다"

로마냐 지방을 점령하고 콜론나 파를 패배시킨 다음, 발렌티노 공작은 점령한 지역을 확보하고 영토를 확장하는 데에

두 가지의 걸림돌에 의해서 방해를 받게 되었다. 그 하나는 그가 자기 군대의 충성심에 대해서 의문을 품은 것이고, 다른 하나는 프랑스 왕의 진의를 알 수 없다는 것이었다. 그가 사용했던 오르시니 파의 군대는 공격할 때 말을 잘 듣지 않았기 때문에, 그가 영토를 확장하는 것을 방해할 뿐만 아니라 그가 이미 획득한 것마저도 빼앗지 않을까 염려되었다. 그는 또한 프랑스 왕 역시 자신이 차지한 영토를 빼앗지 않을까 두려웠다.

공작은 오르시니 파 군대의 충성심에 대한 심증을, 파엔차를 점령한 후 볼로냐로 진격했을 때 군대가 마지못해 공격하는 것을 보면서,[29] 굳혔다. 그리고 프랑스 왕의 진의는, 그가 우르비노 공국을 점령하고 토스카나로 진격했을 때 왕이 그로 하여금 그 전투를 단념하게 한 것을 보면서, 간파할 수 있었다. 그러자 공작은 더 이상 타인의 군대와 호의에 의존하지 않기로 결심했다.

「군주론」 제10장 군주국의 국력은 어떻게 측정되어야 하는가

"자위력이 있는 군주"

다양한 군주국의 성격을 규명할 때에 염두에 두어야 할 점이 또 하나 있다. 즉, 군주가 필요시에 자신을 방어할 만큼 충분한 영토와 권력을 가지고 있는가 아니면 항상 누군가 타인으로부터 도움을 받아야 하는가의 문제이다. 이 논점을 명백

히 하기 위해서, 어떤 군주가 자신의 국가를 공격하는 어떠한 세력에도 맞서서 전쟁을 수행하기에 적당한 군대를 가지고 있다면(그가 많은 병력을 거느리고 있거나 많은 자금을 가지고 있기 때문에),[30] 그는 자신의 국가를 방어할 수 있다고 말하겠다. 그러나 전장에서 적과 맞설 수 없어서 자신의 성벽 안으로 피신해서 적을 방어해야 하는 군주라면 항상 타인의 도움을 받을 필요가 있다.

첫 번째 유형에 관해서는 이미 논의한 바가 있고, 나중에 좀더 상세하게 논의할 것이다. 두 번째 유형에 관해서는, 그러한 통치자는 성 밖의 영토는 신경 쓰지 말고 그의 도시에 요새를 튼튼히 쌓고 식량을 충분히 비축해야 한다고 권하는 것 외에는 별다른 조언을 할 수 없다. 그러면 외부세력은 자신의 도시를 잘 요새화하고 신민들을 이미 언급한 방법대로 다루고 앞으로 논의할 방법으로 다루는 통치자를 공격하는 데에 망설일 것이다. 왜냐하면 무릇 인간이란 매우 힘들 것으로 예상되는 전투를 시작하는 것을 꺼리기 때문이다. 그리고 잘 방비된 도시를 가지고 있으면서 인민들에게 미움을 받지 않는 군주를 공략하는 것은 결코 만만치 않은 일로 보일 것이다.

"용병의 무익함"

그런데 군주가 자신의 국가를 방어하는 데에 사용하는 무력은 그 자신의 군대이거나, 아니면 용병이나 외국 원군, 또는 이 세 가지를 혼합한 혼성군이라고 말할 수 있다. 용병과 원군은 무용하고 위험하다. 자신의 영토를 보전하기 위해서 용병에 의존하는 사람은 누구든지 안정되고 안전한 통치를 결코 확립할 수 없을 것이다. 왜냐하면 용병이란 분열되어 있고, 야심만만하며,[31] 기강이 문란하고, 신의가 없기 때문이다. 그들은 동료들과 있을 때는 용감하게 행동하나 강력한 적과 부딪치게 되면 약하고 비겁하다. 그들은 신을 두려워하지 않으며 사람들과 한 약속도 잘 지키지 않는다. 당신의 파멸은 당신에 대한 공격이 지연되고 있는 만큼 지체되고 있는 데 불과하다.

따라서 당신은 평화 시에는 그들에게, 전시에는 당신의 적에게 시달릴 것이다. 이 모든 이유는 그들이 당신에게 아무런 애착도 느끼지 않으며, 당신을 위해서 전쟁에 나가 싸울 이유가 생명을 걸고 싸우기에는 너무나 하찮은 보수 외에 달리 없기 때문이다. 당신이 전쟁을 하지 않는 한 그들은 기꺼이 당신에게 봉사하지만, 막상 전쟁이 일어나면 도망가거나 탈영한다.

사실 이탈리아가 최근 겪은 시련은 다른 어떤 이유보다도 그토록 오랜 세월 동안 용병에 의존한 데에서 비롯되었기 때문에, 이 점을 주장하기 위해서 많은 시간을 할애할 필요조차 없다. 물론 이 용병들의 일부는 무기력하지 않았으며 다른 용병들과 싸울 때 용맹을 떨치기도 했다. 그러나 외국군이 침입했을 때 단숨에 그들의 진면모가 드러났다. 그리하여 프랑스의 샤를 왕은 이탈리아를 백묵 하나로 점령할 수 있었다.[32] 우리의 죄악으로 인해서 이러한 사태에 처하게 되었다[33]고 말한 사람은 진리를 말한 셈이다. 그러나 문제는 그가 의미한 죄악이 아니라 내가 설명한 죄악이다. 그리고 이는 군주들의 죄악이었기 때문에 그들 역시 자신들의 죄로 인해서 처벌받았다.[34]

『군주론』 제13장 원군, 혼성군, 자국군
"원군으로부터 겪은 근래의 위험한 사례들"

원군이란 당신이 외부의 강력한 통치자에게 도움을 요청했을 때 당신을 돕고 방어하려고 파견된 군대인데, 이 또한 용병처럼 무익한 군대라고 말할 수 있다. 원군은 최근에 교황 율리우스에 의해서 이용된 적이 있다. 교황은 자신의 용병부대가 페라라 전투에서 별 성과를 거두지 못하자, 스페인의 페르디난도 왕으로 하여금 자신을 도울 군대를 파견하게 함으로써 원군을 사용했던 것이다. 이러한 원군은 그 자체로서는 유능하고 효과적이지만 원군에 의존하는 자에게 거의 항상 유해한 결과를 초래한다. 왜냐하면 만약 그들이 패배하면 당신은 몰락할 것이고, 그들이 승리하면 당신은 그들의 처분에 맡겨지기 때문이다.

물론 고대 역사에서도 많은 예를 발견할 수 있지만, 나는 근래에 일어난 교황 율리우스 2세의 사례를 논의하고자 한다. 그의 결정은 너무나 성급했다고 평가할 수밖에 없다. 페라라를 얻기 위해서 외국 군주[35]의 수중에 자신을 완전히 내맡기다니! 그러나 그는 운이 좋아서 그릇된 정책에서 초래되는 결과를 감수하지 않아도 되었다. 왜냐하면 그가 요청한 원군들이 라벤나에서 패주했을 때, 스위스 군이 도착하여 (그와 다른 사람들의 예상을 뒤엎고) 승자[36]를 몰아냈고, 그 결과 그는 (도망가버린) 적들의 수중에 넘어가지도 않았고, 게다가 승리를 거둔 자는 원군이 아니라 다른 군대[37]였기 때문에, 원군의 처분에 내맡겨지는 상황에 처하지도 않았기 때문이다.

또한 피렌체는 전혀 무력이 없었기 때문에 피사를 포위하기 위해서 1만 명의 프랑스 병력을 끌어들였다. 이 정책으로 인해서 피렌체는 역사상 겪은 것 중 그 어느 때보다 위험한 시련을 맞이했다. 마찬가지로 콘스탄티노플의 황제[38]는 동족인 그리스 세력들과 싸우기 위해서 1만 명의 투르크 병력을 유치했는데, 전쟁이 끝난 후에도 투르크 군은 돌아가려고 하지 않았으며, 이를 발단으로 해서 그리스는 이교도의 지배 하에 들어가게 되었다.

『군주론』 제13장 원군, 혼성군, 자국군

"원군으로는 진정한 승리를 거둘 수 없다"

따라서 정복하기를 원하지 않는 자라면 원군을 사용해야 한다. 원군은 용병보다 훨씬 더 위험하기 때문에 원군을 사용하면 자멸은 확실하다. 원군은 단결된 세력이며 타인[39]에게 복종하는 데 익숙해 있다. 그러나 용병은 승리하더라도 당신에게 해를 가할 수 있는 입장에 처하기까지는 시간이 꽤 걸리고, 큰 기회를 필요로 한다. 용병은 당신이 고용하고 보수를 주기 때문에 단결된 일체감을 형성하지 못한다. 그리고 그들의 장군으로 당신이 임명한 외부인은 즉각적으로 당신에게 해를 입힐 정도의 권위를 구축하지 못한다. 예컨대 용병의 경우에는 그들의 비겁함이나 전투를 기피하는 태도가 위험하고, 원군의 경우에는 그들의 능숙함과 용기가 위험하다.

현명한 군주는 항상 이런 군대를 쓰는 것을 피하고 자신의 인민들로 구성된 군대를 양성한다. 그들은 외국 군대를 써서 정복하는 것보다는 차라리 자신의 군대로 패배하는 것을 택한다. 왜냐하면 그들은 외국군을 써서 얻은 승리를 진정한 승리로 평가하지 않기 때문이다.

"자신의 군대가 없는 군주는 결코 안전하지 못하다"

따라서 나는 어떤 군주국이든 자신의 군대를 가지지 못하면 안전할 수 없다고 결론짓겠다. 오히려 그러한 군주국은 위기 시에 자신을 방어할 힘이 없기 때문에 전적으로 운에 의존해야 할 뿐이다. 현명한 사람들은 항상 "자신의 무력에 근거하지 않는 권력의 명성처럼 취약하고 불안한 것은 없다"[40]라는 격언을 마음에 깊이 새긴다. 그리고 자신의 무력이란 자국의 신민 또는 시민 아니면 자신의 부하들로 구성된 군대를 말하며, 그 밖의 다른 모든 것들은 용병이나 원군이다. 자신의 무력을 조직하는 올바른 방법은, 내가 이미 인용한 네 사람[41]이 사용한 방법을 검토하고 알렉산드로스 대왕의 부친인 필리포스를 비롯한 다른 많은 통치자들과 공화국들이 자신들의 국가를 무장하고 조직한 방법을 이해하면 쉽게 포착할 수 있다. 나는 그들이 사용한 방법에 전폭적인 신뢰를 보낸다.

"신중한 군주에게 사람들은 진실을 말한다"

당신 자신을 아첨으로부터 보호하는 유일한 방법은 진실을 듣더라도 당신이 결코 화를 내지 않는다는 것을 널리 알리는 것이다. 그러나 누구든지 당신에게 솔직하게 말할 수 있다면, 당신에 대한 존경은 순식간에 사라지고 말 것이다.

따라서 현명한 군주는 다른 방도를 따르는데, 사려 깊은 사람을 선발하여 그들에게만 솔직하게 말할 수 있도록 허용하되, 그것도 당신이 요청할 때만 하는 것이지 아무 때나 허용해서는 안 된다. 그러나 그는 그들에게 모든 일에 관해서 묻고, 주의 깊게 그들의 견해에 귀를 기울이고, 그러고 나서 자신의 결정을 내려야 한다. 나아가서 군주는 그의 조언자들로 하여금 말하는 바가 솔직하면 할수록 더욱더 그들의 말이 받아들여진다고 믿도록 처신해야 한다. 군주는 그가 선임한 사람을 제외하고는 다른 누구의 말에도 귀를 기울여서는 안 되고, 그의 목표를 확고하게 추구하며, 그가 내린 결정에 관해서 동요해서는 안 된다. 이러한 식으로 처신하지 않는 군주는 아첨꾼들 사이에서 몰락하거나 아니면 그가 받는 상반된 조언 때문에 결정을 자주 바꾸게 된다. 그 결과 그는 존경을 받지 못하게 된다.

『군주론』 제23장 아첨꾼을 어떻게 피할 것인가

"현명한 군주는 조언을 구한다"

따라서 군주는 항상 조언을 들어야 하지만, 남이 원할 때가 아니라, 자신이 원할 때 들어야 한다. 오히려 요구받지 않았는데 아무나 조언을 하는 일은 없도록 해야 한다. 그렇지만 그는 정보와 의견을 구하고 자신이 제기한 사안에 관한 솔직한 견해에 참을성 있게 귀를 기울일 태세가 되어 있어야 한다. 사실 누군가가 무슨 이유에서건 침묵을 지킨다는 사실을 알게 되면, 그는 노여움을 표시하여야 한다.

『군주론』 제23장 아첨꾼을 어떻게 피할 것인가

"현명한 군주만이 현명한 정책을 따른다"

많은 사람들이 군주가 지혜롭다는 평판을 듣는 것은 그가 지혜롭기 때문이 아니라 그의 조언자들이 훌륭한 자질을 가지고 있기 때문이라는 의견을 피력하지만, 이는 분명히 잘못된 견해이다. 왜냐하면 현명하지 못한 군주가 적절하게 조언을 받지 못할 것이라는 점은 불을 보듯이 뻔하기 때문이다. 굳이 예외가 있다면 군주가 우연히 자신을 매우 유능하고 매사를 통제하는 조언자에게 전적으로 맡긴 경우이다. 그 경우 그는 확실히 적절한 조언을 받기는 하겠지만, 그러한 조언자는 쉽게 그의 나라를 탈취할 수 있기 때문에 그의 권력은 오래 지속되지 못할 것이다.

그러나 현명하지 못한 군주가 여러 사람으로부터 조언을 받게 되면 그는 항상 상반된 의견을 듣게 될 것인데, 이 경우 이런 의견들을 잘 조정할 수 없을 것이다. 왜냐하면 그의 조언자들은 모두 자신들의 이해관계를 항상 우선시할 것이기 때문이다. 그는 이러한 경향을 이해하지도 못할 것이고, 통제할 수도 없을 것이다. 그리고 인간이란 어떤 필연에 의해서 선한 행동을 강요받지 않는 한, 당신에게 악행을 저지르기 때문에 이러한 결과는 불가피하다. 따라서 좋은 조언이란, 어느 누구로부터 오든 상관없이 근본적으로 군주의 현명함에서 비롯되는 것이며, 군주의 현명함이 적절한 조언에서 유래할 수는 없을 것이다.

현실주의 정치 사상과 이익 정치의 태동

『군주론』 제6장 자신의 무력과 능력에 의해서 획득한 새로운 군주국

"새로운 제도의 도입"

나라를 얻기 위해서 겪는 시련은 부분적으로 그들이 자신의 권력을 확고히 하기 위해서 새로운 제도와 법률을 도입하는 데에서 비롯된다. 새로운 형태의 정부 수립을 주도하는 행위가 매우 어렵고 위험하며, 성공하기 힘들다는 점을 깨달을 필요가 있다. 그 이유는 구질서로부터 이익을 얻던 모든 사람들이 혁신적 인물에게 반대하는 한편, 새로운 질서로부터 이익을 얻게 될 사람들은 기껏해야 미온적인 지지자로 남아 있기 때문이다. 이렇게 미지근한 지지만 받는 이유는 잠재적 수혜자들이 한편으로 과거에 법제도를 전횡하던 적들을 두려

위하고, 다른 한편으로 인간의 회의적인 속성상 자신들의 눈으로 확고한 결과를 직접 보기 전에는 새로운 제도를 신뢰하지 않기 때문이다.

그 결과 변화에 반대하는 세력들은 혁신자를 공격할 기회가 있으면 언제나 온 힘을 다하여 공격하는 데에 반해서, 그 지지자들은 반신반의하며 행동하는 데에 그친다. 따라서 혁신자와 그 지지자는 커다란 위험에 처하게 마련이다.

『군주론』 제6장 자신의 무력과 능력에 의해서 획득한 새로운 군주국

"무장하지 않은 예언자, 사보나롤라"

이 문제를 철저하게 검토하기 위해서, 우리는 개혁자들이 자신들의 힘을 바탕으로 행동하는지 아니면 타인에게 의존하는지를 검토할 필요가 있다. 즉, 성공하기 위해서는 타인을 설득할 필요가 있는지 아니면 능히 자신의 무력으로 밀어붙일 수 있는지를 검토할 필요가 있다. 전자의 경우, 그들은 거의 항상 성공하지 못하며 아무것도 성취하지 못한다.

그러나 그들이 타인에게 의존하지 않고 변혁을 주도할 만한 충분한 힘이 있으면, 그들은 드문 경우를 제외하고는 별다른 어려움을 겪지 않는다. 결과적으로 무기를 든 예언자[42]는 모두 성공한 반면 말뿐인 예언자는 실패했다. 이러한 결과는 이미 언급한 이유 외에도 민중이 변덕스럽기 때문에 일어난

다. 즉, 그들을 설득하기는 쉬우나 설득된 상태를 유지하기란 쉽지 않기 때문이다. 따라서 그들이 당신과 당신의 계획을 더 이상 믿지 않을 경우, 힘으로라도 그들로 하여금 믿게끔 강제할 수 있어야 한다.[43]

만약 모세, 키루스, 테세우스 그리고 로물루스가 무력이 없었더라면, 각자 자신이 만든 새로운 질서에 대한 복종을 오랫동안 확보할 수 없었을 것이다. 이러한 이유 때문에 최근 지롤라모 사보나롤라 신부는 그에 대한 인민들의 신뢰를 상실하자마자 새로운 질서와 더불어 몰락하고 말았다. 그는 그를 믿지 않았던 자들로 하여금 믿게끔 할 뿐만 아니라 그를 믿었던 자들의 지지를 유지할 수 있는 수단이 없었던 것이다.[44]

『군주론』 제7장 타인의 무력과 호의로 얻게 된 새로운 군주국

"신생 군주의 모델로서의 공작"

이제 공작의 모든 활동을 검토해볼 때, 나는 그를 비판하고 싶은 마음이 없다. 오히려 그는 상술한 바와 같이, 호의나 운 또는 타인의 무력에 의해서 권력을 차지한 모든 사람들이 귀감으로 삼을 만한 가치가 있는 것처럼 보인다. 왜냐하면 그가 큰 뜻과 야망을 품고 있었다는 점을 고려할 때, 그 밖에 달리 행동할 도리가 없었기 때문이다. 단지 두 가지 사태가 그의 기도를 좌절시켰는데, 곧 부친의 단명[45]과 자신의 병환이었다.

따라서 신생 군주국에서 다음과 같은 조치가 필요하다고 생각하는 군주는 다른 누구보다도 공작의 행적에서 그 모범을 찾아야 할 것이다. 즉, 적에게 효과적으로 대처하는 것, 동맹을 맺는 것, (무력이나 기만으로) 정복하는 것, 인민들로부터 충성과 두려움을 확보하는 것, 군대로부터의 복종과 두려움을 확보하는 일, 당신에게 해를 가하거나 가할 수 있는 자들을 무력화시키거나 말살하는 일, 낡은 제도를 새로운 제도로 개혁하는 일, 엄격하면서도 친절하고 관대하면서도 관후한 처세, 불충한 군대를 해체하고 새로운 군대를 조직하는 일, 그리고 왕이나 다른 통치자들과 동맹을 맺어 그들이 기꺼이 당신에게 호의를 베풀게 하거나 해를 가하는 것을 주저하게 만드는 재주를 공작으로부터 배워야 할 것이다.

『군주론』 제8장 사악한 방법을 사용하여 군주가 된 인물들

"가해행위는 단번에, 시혜행위는 천천히"

　나는 이러한 차이가 잔인한 조치들을 잘 사용했는가 또는 잘못 사용했는가에 의해서 좌우된다고 믿는다. 그러한 조치들이 단번에 모두 저질러졌다면 (나쁜 일에 대해서도 '잘'이라는 단어를 사용할 수 있다면) 잘 사용되었다고 말할 수 있다. 왜냐하면 그러한 조치들은 권력을 확립하는 데에 필수적이며, 연후에는 그것에 집착하지 않고 자신의 신민들에게 유

익한 조치로 전환될 수 있기 때문이다. 잘못 저질러진 조치들이란 처음에는 빈도가 적었으나, 시간이 흐를수록 감소하기보다는 증가하는 경우에 해당한다. 첫 번째 방법을 따르는 군주들은, 아가토클레스가 그랬던 것처럼, 신과 인간에 대해서 자신의 위상을 개선시킬 수 있다. 그러나 두 번째 방법을 따르는 군주들은 자신의 권력을 유지할 수 없다.

따라서 정복자는 국가권력을 탈취한 후에 그가 행할 필요가 있는 모든 가해행위에 관해서 결정해야 하며, 모든 가해행위를 일거에 저질러서 매일 되풀이할 필요가 없도록 조처해야 한다는 점을 명심해야 한다. 그렇게 하면, 그는 절제를 통해서 민심을 수습하고, 시혜를 베풀어 민심을 자기편으로 끌어들일 수 있다. 소심하거나 아니면 판단력이 부족하기 때문에 이렇게 행동하지 않는 사람은 누구든지 손에 항상 칼을 쥐고 있어야 할 것이다. 그는 결코 신민들을 믿고 의존할 수 없을 것이다. 왜냐하면 지속적으로 저지르는 가해행위로 인해서 신민들이 결코 그에게 안심을 느끼지 못하기 때문이다. 가해행위는 모두 한꺼번에 저질러야 하며, 그래야 맛을 덜 느끼기 때문에 반감과 분노[46]를 적게 야기한다.

반면에 시혜는 조금씩 베풀어야 하며 그래야 그 맛을 더 많이 느끼게 된다. 그리고 현명한 군주는 무엇보다도 그의 신민들과 함께 살아야 하며, 그러면 좋건 나쁘건 우발적인 사태로 인해서 자신의 행위를 수정하지 않아도 될 것이다(즉, 앞에서 이야기한 바 있는 가해행위나 시혜행위를 갑자기 취해야 하는 경우를 말한다). 왜냐하면 (만약 함께 살지 않으면) 비상시에 단호한 조치를 취할 시간적 여유를 가지지 못할 것이며, 그런 상황에서 군주가 베푼 어떠한 이득도 군주에게 도움이 되지 않을 것이기 때문이다. 그러한 이득은 마지못해 베푼 것으로 받아들여지기 때문에 아무런 호감도 얻지 못할 것이다.

『군주론』 제14장 군주는 군사(軍事)에 관해서 어떻게 처신해야 하는가

"무력을 갖추지 못한 군주는 경멸을 받는다"

무력을 제대로 갖추지 않으면 (다른 나쁜 결과는 차치하고라도) 경멸을 받게 되는데, 나중에 설명할 것처럼, 이는 모름지기 군주라면 경계해야 할 수치스러운 일 중의 하나이다. 무력이 있는 사람과 없는 사람 사이에는 결코 호혜성이 존재할 수 없는데, 무력이 있는 사람이 무력이 없는 사람에게 기꺼이 복종한다는 것은 합당하지 않기 때문이다. 따라서 무력이 없는 군주가 무력이 있는 하인들[47] 사이에서 두려움을 느끼지 않을 수 없다. 이처럼 하인이 경멸을 느끼고 주인이 불신을 품게 될 때, 그들이 서로 협동하여 일을 잘할 가능성이란 추호도 없다. 따라서 이미 언급한 다른 불리한 점 외에도, 군사업무에 정통하지 않은 군주는 자신의 병사들로부터 존경받

지 못하며, 그 역시 그들을 신뢰할 수 없다.

"약한 군주와의 동맹은 유익할 것이다"

두 번째 상황의 경우에도 (서로 싸우는 군주들이 둘 다 약해서 당신에게 위협이 될 수 없을 때에도) 여전히 개입하는 것이 더 현명한 정책이다. 왜냐하면 당신은 다른 군주의 도움을 받아 한 군주를 몰락시키는 셈이 될 것이기 때문이다. 그런데 만약 그 다른 군주가 현명한 인물이었더라면, 그는 상대방을 남겨놓았을 것이다. 어떻든 당신이 힘을 합쳐 이김으로써, 당신의 도움을 받은 군주는 당신의 처분에 맡겨진 셈이 된다(그리고 그가 당신의 도움을 받았기 때문에, 그가 적을 격퇴할 것이라고 예상하는 것은 당연하다).

"결코 강력한 세력과 자발적인 동맹을 맺지 말라"

여기에서 군주는 이미 말한 대로 상황에 의해서 강요당하지 않는 한, 다른 국가를 공격하기 위해서 자신보다 강한 군주와 동맹을 맺어서는 안 된다는 점을 명심해야 한다. 만약 당신이 그와 함께 승리를 거두면, 당신은 그의 수중에 들어가게 되니, 군주란 모름지기 다른 세력의 처분에 맡겨지는 일을 피하기 위해서 최선을 다해야 할 것이다. 베네치아인들은 밀라노 공작[48]을 공격하려고 프랑스와 동맹을 맺었다. 그들은 이 동맹을 피할 수 있었을 텐데 이로써 몰락하게 되었다. 그러나 교황과 스페인 왕이 롬바르디아를 공격했을 때, 피렌체가 처했던 상황처럼 동맹을 맺는 것을 피할 수 없을 때, 통치자는 동맹에 참여해야 한다.

『군주론』 제21장 군주는 명성을 얻기 위해서 어떻게 처신해야 하는가
"차악을 선으로 받아들여라"

어떤 정부도 안전한 정책을 따르는 것이 항상 가능하다고 믿어서는 안 된다. 오히려 모든 행위는 위험을 수반한다는 점을 깨달아야 할 것이다. 사물의 도리상 하나의 위험을 피하고자 하면 으레 다른 위험에 직면하기 때문이다. 그러나 사려 깊은 사람은 위험을 평가하는 방법을 알고, 가장 해악이 적은 대안을, 따라야 할 올바른 대안으로 선택한다.

『군주론』 제22장 군주의 측근 신하들
"대신의 윤리 : 군주의 시혜"

군주가 대신의 사람됨을 살피는 데에는 아주 확실한 방법이 있다. 만약 그가 당신의 일보다 자신의 일에 마음을 더 쓰고 있고, 그의 모든 행동이 자신의 이익을 추진하기 위해서

의도된 것이라는 점이 밝혀지면, 그는 결코 좋은 대신이 될 수 없고 당신은 결코 그를 신뢰할 수 없다. 나라를 다스리는 사람은 절대로 자신과 자신의 일이 아니라 군주에 관해서 생각을 쏟아야 하고 군주의 일에 몰두해야 하기 때문이다. 그 반면에 대신의 충성심을 확보하기 위해서 군주는 그를 우대하고, 부유하게 만들며, 그를 가까이 두고 명예와 관직을 수여하는 등 그를 잘 보살펴주어야 할 것이다.

요컨대 군주는 대신으로 하여금 그 자신이 오직 군주에게만 의존한다는 점을 깨닫게 하고, 이미 얻은 많은 명예와 재부로 인해서 더 많은 명예와 재부를 원하지 않도록 하며, 자신이 맡은 많은 관직들을 잃을까 염려하여 변화[49]를 두려워하도록 대우해야 한다. 만약 대신과 군주가 그러한 관계를 유지한다면, 각자는 서로에 대해서 계속 신뢰를 유지할 것이다. 반대로 그들이 그렇지 못한다면, 항상 둘 중의 어느 한편에게 불행한 결과가 초래될 것이다.

정치 영역의 독자성과 자율성 : 정치와 윤리

『군주론』 제15장 사람들이, 특히 군주가 칭찬받거나 비난받는 일들

"윤리적 공상과 엄연한 현실"

　이제 군주가 자신의 신민들 및 동맹들(자기편 사람)에게 어떤 식으로 행동해야 마땅한가를 고찰하기로 하자. 나는 많은 논자들이 이 주제를 논한 바 있다는 점을 잘 알고 있는데, 내가 말하고자 하는 바가 다른 사람들이 제안한 원칙들과 특히 이 문제에 관해서 크게 다르기 때문에, 내가 건방지다고 생각되지 않을까 하는 두려운 마음이 앞서기도 한다. 그러나 나는 이 문제를 이해할 수 있는 사람이라면 누구에게나 유용한 것을 쓰고자 하기 때문에, 이론이나 사변보다는 사물의 실제적인 진실에 관심을 경주하는 것이 낫다고 생각한다. 왜냐

하면 많은 사람들이 현실 속에 결코 존재한 것으로 알려지거나 목격된 적이 없는 공화국이나 군주국을 상상해왔기 때문이다.[50]

그러나 '인간이 어떻게 사는가'는 '인간이 어떻게 살아야 하는가'와는 너무나 다르기 때문에, 일반적으로 행해지는 바를 행하지 않고 마땅히 해야 하는 바를 고집하는 군주는 권력을 유지하기보다는 잃기 십상이다. 어떤 상황에서나 선하게 행동할 것을 고집하는 사람이 많은 무자비한 사람들에게 둘러싸여 있다면 그의 몰락은 불가피하다. 따라서 권력을 유지하고자 하는 군주는 필요하다면 부도덕하게 행동할 태세가 되어 있어야 한다.[51]

『군주론』 제17장 잔인함과 인자함, 그리고 사랑받는 것과 두려움의 대상이 되는 것 중 어느 편이 더 나은가

"현명한 잔인함은 진정한 자비이다"

앞에서 언급한 다른 성품들로 돌아가서, 나는 모든 군주들은 잔인하다기보다는 인자하다고 생각되기를 더 원해야 한다고 주장한다. 그렇지만 부적절한 방법으로 자비롭게 되지 않도록 조심해야 할 것이다. 체사레 보르자는 잔인하다고 생각되었지만, 그의 엄격한 조치들은 로마냐 지방에 질서를 회복하게 했고, 그 지역을 통일시키고 또한 평화롭고 충성스러

운 지역으로 만들었다. 만약 그의 행동을 적절히 고려하면, 잔인하다는 평판을 받는 것을 피하려고 피스토이아가 사분 오열되도록 방치한 피렌체인들과 비교할 때, 그는 훨씬 더 자비롭다고 판단될 만하다.

따라서 현명한 군주는 자신의 신민들을 결속시키고 충성스럽게 유지할 수 있다면, 잔인하다는 평판을 받는 것을 걱정해서는 안 된다. 왜냐하면 무질서를 너무 관대하게 방치해서 그 결과 많은 사람이 죽거나 약탈당하게 하는 자보다 소수의 몇몇을 시범적으로 처벌함으로써 기강을 바로잡는 군주가 실제로는 훨씬 더 자비로운 셈이 될 것이기 때문이다. 전자는 공동체 전반에 해를 끼치는 데에 반해, 후자의 경우는 군주가 명령한 처형은 단지 특정한 개인들에게만 해를 끼치는 데에 불과할 뿐이다. 그리고 신생국가는 위험으로 가득 차 있기 때문에, 특히 신생 군주는 다른 군주보다 더 잔인하다는 평판을 피할 수가 없다. 베르길리우스는 디도의 입을 빌려서 다음과 같이 말하고 있다.

가혹한 필연성과 내 왕국의 새로움이 나에게 그러한 조치를 취하게 했고 국경의 구석구석을 방비하게 했노라.[52]

『군주론』 제17장 잔인함과 인자함, 그리고 사랑받는 것과 두려움의 대상이
되는 것 중 어느 편이 더 나은가

"절제된 엄격함"

그렇지만 군주는 참소를 믿고 개인에게 행동을 취하는 데
신중해야 하며 너무 의심이 많아서는 안 된다. 그는 적절한
신중함과 인간애를 가지고 행동해야 하며, 지나친 자신감으
로 인해서 경솔하게 처신하거나 의심이 너무 많아 주위 사람
들이 견디기 어려운 일이 없도록 해야 한다.

『군주론』 제17장 잔인함과 인자함, 그리고 사랑받는 것과 두려움의 대상이
되는 것 중 어느 편이 더 나은가

"미움을 피하는 방법"

그럼에도 불구하고 현명한 군주는 자신을 두려운 존재로
만들되, 비록 사랑을 받지는 못하더라도, 미움을 받는 일은
피하도록 해야 한다. 미움을 받지 않고 두려움의 대상이 되는
것은 전적으로 가능하기 때문이다. 그리고 이는 그가 인민들
의 재산과 부녀자에게 손을 대는 일을 삼가면 항상 성취할 수
있다. 만약 누군가를 처형하는 것이 필요하다고 해도 적절한
명분과 명백한 이유가 있을 때로 국한해야 한다. 그러나 무엇
보다도 그는 타인의 재산에 손을 대서는 안 된다. 왜냐하면
인간이란 어버이의 죽음은 쉽게 잊어도 재산의 상실[53]은 좀

처럼 잊지 못하기 때문이다. 게다가 재산을 몰수할 명분은 항상 있게 마련이다. 약탈을 일삼는 자는 항상 타인의 재산을 빼앗을 핑계를 발견할 수 있다. 반면에 목숨을 빼앗을 이유나 핑계는 훨씬 더 드물고 포착하기도 더 어렵다.

『군주론』 제17장 잔인함과 인자함, 그리고 사랑받는 것과 두려움의 대상이 되는 것 중 어느 편이 더 나은가

"장군은 잔인해야 한다"

그러나 군주는 자신의 군대를 통솔하고 많은 병력을 지휘할 때, 거칠다는 평판쯤은 개의치 말아야 한다. 왜냐하면 군대란 그 지도자가 거칠다고 생각되지 않으면 군사작전에 적합하게 단결하거나 만반의 태세를 갖추지 못하기 때문이다. 한니발의 활약에 관한 설명 중 특히 주목할 만한 사실은, 그가 비록 많은 나라들로부터 선발된 대군[54]을 거느리고 이역[55]에서 싸웠지만, 상황이 유리하든 불리하든 상관없이 군 내부에서 또 그들의 지도자에 대해서 어떠한 분란도 일어나지 않았다는 것이다. 이 사실은 그의 다른 많은 훌륭한 능력과 더불어, 그의 부하들로 하여금 그를 항상 존경하고 두려워하게 만든 그의 비인간적인 잔인함에 의해서만 설명될 수 있다. 그리고 그가 그토록 잔인하지 않았더라면, 그의 다른 능력들도 그러한 성과를 거두는 데에 흡족하지 않았을 것이다. 분별없

는 저술가들은 이러한 성과를 찬양하면서도 그 성공의 주된 이유를 비난하는 어리석음을 범하고 있다.

"너무나 자비로웠던 스키피오"

한니발의 다른 능력으로는 충분하지 못했을 것이라는 점은 스키피오가 겪은 사태에서 입증된다. 그는 당대는 물론 후대에도 매우 훌륭한 인물로 평가받았지만, 그의 군대는 스페인에서 그에게 반란을 일으켰다. 그 유일한 이유는 그가 너무나 관대해서 적절한 군사적 기율을 유지하는 데에 필요한 것보다 더 많은 자유를 병사들에게 허용했기 때문이었다. 이로 인해서 파비우스 막시무스는 원로원에서 그를 탄핵하면서 로마군대를 부패시킨 장본인이라고 비난했다. 그리고 로크리 지방[56]이 스키피오가 임명한 지방장관에 의해서 약탈을 당했을 때, 스키피오는 그 주민들의 원성을 구제해주지 않았으며, 또한 그 지방장관은 자신의 오만함에도 불구하고 처벌받지 않았다.

이 모든 것은 스키피오가 너무 관대했기 때문이다. 실로 원로원에서 그를 사면하자고 발언한 인물은, 타인의 비행을 처벌하기보다는 스스로 그러한 비행을 저지르지 않는 데 탁월한 사람들이 있는데, 스키피오가 바로 그런 유형의 인물이라고 변호했다. 이러한 그의 군대 지휘 방식이 견제받지 않고 방임되었더라면, 자신의 성격으로 인해서 스키피오의 명성과 영광은 빛이 바랬을 것이다. 그러나 그는 원로원의 명령에 의해서 견제 받았기 때문에, 이처럼 유해한 기질이 표출되지 않았을 뿐만 아니라 나아가 그의 영광에 기여했다.

『군주론』 제17장 잔인함과 인자함, 그리고 사랑받는 것과 두려움의 대상이 되는 것 중 어느 편이 더 나은가

"군주는 자신의 범위에 있는 것에 의존해야 한다"

사랑을 받는 것과 두려움의 대상이 되는 것의 문제로 되돌아가서, 그렇다면 나는 인간이란 자신의 선택 여하에 따라서 사랑을 하지만, 군주의 선택 여하에 따라서 두려움을 품기 때문에, 현명한 군주라면 타인의 선택보다는 자신의 선택에 더 의존해야 한다고 결론짓겠다.

『군주론』 제18장 군주는 어떻게 약속을 지켜야 하는가

"필요하다면 군주는 전통적인 윤리를 포기할 태세가 되어 있어야 한다"

그렇기 때문에 군주는 상기한 모든 성품을 실제 구비할 필요는 없지만, 구비한 것처럼 보이는 것이 반드시 필요하다.

심지어 나는 군주가 그러한 성품을 갖추고 늘 가꾸는 것은 해로운 반면에, 갖추고 있는 것처럼 보이는 것은 유용하다고까지 감히 장담하겠다. 예컨대, 자비롭고 신의가 있고 인간적이고 정직하고 경건한(종교적인) 것처럼 보이는 것이 좋고, 또한 실제로 그런 것이 좋다. 그러나 달리 행동하는 것이 필요하다면, 당신은 정반대로 행동할 태세가 되어 있어야 하며 그렇게 행동할 수 있어야 한다.

그리고 군주는, 특히 신생 군주는 좋다고 생각되는 방법으로 처신할 수 없다는 점을 분명히 이해해야 한다. 왜냐하면 자신의 권력[57]을 유지하기 위해서, 그는 종종 신의 없이, 무자비하게, 비인도적으로 행동하고 종교의 계율을 무시하도록 강요당하기 때문이다. 따라서 그는 운명의 풍향과 변모하는 상황이 그를 제약함에 따라 자신의 행동을 거기에 맞추어 자유자재로 바꿀 태세가 되어 있어야 하며, 내가 앞에서 말한 것처럼, 가급적이면 올바른 행동으로부터 벗어나지 말아야 하겠지만 필요하다면 비행을 저지를 수 있어야 한다.

정치에서의 외양과 본질

「군주론」 제7장 타인의 무력과 호의로 얻게 된 새로운 군주국

"공작은 불충스러운 장군을 제거한다"

…… 발렌티노 공작[체사레 보르자]은 콜론나 파의 지도자들을 이미 분열시킨 후에 오르시니 파의 지도자들을 섬멸할 기회를 노리고 있었다. 마침내 그러한 기회가 도래했고 그는 이를 충분히 활용했다. 오르시니 파의 지도자들은 뒤늦게나마 공작과 교회의 강력한 세력이 자신들을 파멸시킬 것이라는 것을 깨닫게 되었고, 그리하여 페루자 지방의 마조네에서 회합을 가졌다. 이 회합 이후 우르비노 지역에서의 반란, 로마냐 지방에서의 소동 등 무수히 많은 위험이 공작에게 들이닥치지만, 공작은 이 모든 위험을 프랑스의 도움으로 극복할

수 있었다.

이로 인해서 자신의 명성을 되찾았지만, 그는 프랑스 왕과 모든 다른 외부세력을 신뢰하지 않았다. 외부세력에게 의존하는 위험을 피하기 위해서 그는 이제 속임수를 쓰기 시작했다. 그는 아주 교묘하게 자신의 진심을 숨기고 파올로 영주를 통해서 오르시니 파의 지도자들과 화해했다. 공작은 파올로를 안심시키려고 매우 정중하고 관대하게 대접하면서 돈, 화려한 옷, 말을 주는 등 갖은 애를 다 썼다. 순진하게 이를 믿고 그들은 세니갈리아에 와서 공작의 수중에 들어갔다. 그 지도자들을 죽이고 그 추종자들을 자기편으로 포섭함으로써 공작은 매우 확고한 권력기반을 마련하게 되었다. 왜냐하면 그는 우르비노 공국과 더불어 로마냐의 전 지역을 장악했고, 특히 로마냐 주민들이 그의 지배 하에 번영을 누리게 되자 민심이 그를 따르고 지지하게 되었다고 확신했기 때문이다.

『군주론』 제7장 타인의 무력과 호의로 얻게 된 새로운 군주국

"로마냐의 평화 : 레미로 데 오르코"

발렌티노 공작 보르자가 이 지역에서 시행한 정책은 배울 필요가 있고, 다른 사람이 모방할 가치가 있기 때문에, 나는 이에 대한 논의를 생략할 수 없다. 로마냐 지방을 점령한 후, 공작은 난폭한 영주들이 그곳을 다스렸다는 것을 알게 되었

다. 예전의 영주들은 신민들을 올바르게 다스리기는커녕 약탈의 대상으로 삼았으며, 그 때문에 그들 스스로가 질서보다는 무질서의 근원이었다. 그 결과 그 지역은 도둑질, 싸움 그리고 온갖 종류의 분규가 횡행하고 있었다. 그는 그 지역을 평정하고 주민들이 그의 군주적 권위에 복종하도록 하기 위해서 효과적인 통치를 할 필요가 있다고 생각했다.

따라서 그는 레미로 데 오르코라는 잔인하지만 유능한 인물을 그곳에 파견하고 그에게 전권을 위임했다. 레미로는 단기간에 질서와 평화를 회복했으며, 가공할 만한 평판을 얻었다. 나중에 공작은 레미로의 너무 큰 권한이 반감을 살 염려가 있기 때문에 바람직하지 않다고 생각하게 되었다. 그래서 공작은 그 지역의 중심부에 저명한 재판장[58]이 관장하는 시민재판소를 설치하고, 각 도시로 하여금 법률가를 파견하게 했다. 그동안 취해온 엄격한 조치로 인해서 공작이 인민들로부터 미움을 사고 있다고 판단했기 때문에, 이러한 반감을 무마시키고 인민들의 환심을 사기 위해, 이제껏 행해진 잔인한 조치는 모두 그가 시킨 일이 아니라 그의 대리인의 잔인한 성격에서 비롯된 것이라는 점을 보여주고자 했던 것이다. 그리고 적절한 기회를 포착하여 어느 날 아침 공작은 두 토막이 난[59] 레미로의 시체를, 형을 집행한 나무토막 및 피 묻은 칼과 함께 체세나 광장에 전시했다. 이 참혹한 광경을 본 인민들은 한편 만족을 느끼면서도 경악을 금치 못했다.

"칭찬과 비난을 받을 만한 덕과 악덕"

그러므로 나는 군주의 처신에 관해서 일어날 수 있는 것들을 생략하고 실제로 일어나는 것들을 고려하겠다. 사람들을, 특히 (보다 높은 위치에 있는) 군주들을 논할 때, 그들은 다음과 같은 성품이 있다고 찬양받거나 비난받는다고 말할 수 있다. 즉, 어떤 사람은 인심이 후하고, 다른 어떤 사람은 인색하다는 평을 받는다(우리 말의 아바로[avaro]는 탐욕적인 사람이라는 뜻이 있는 데에 반해서 자신의 소유물을 사용하는 것을 무척이나 꺼리는 사람을 미세로[misero : 인색한 사람]라고 부르기 때문에, 나는 토스카나 어인 미세로라는 말을 사용한다).

잘 베푸는 사람과 탐욕적인 사람, 잔인한 사람과 자비로운 사람, 신의가 없는 사람과 충직한 사람, 여성적이고 유약한 사람과 단호하고 기백이 있는 사람, 붙임성이 있는 사람과 오만한 사람, 호색적인 사람과 절제 있는 사람, 강직한 사람과 교활한 사람, 융통성이 없는 사람과 있는 사람, 진지한 사람과 경솔한 사람, 경건한 사람과 신앙심이 없는 사람 등이라고 평하는 것도 마찬가지이다.

"외양 상의 덕이 항상 진정한 덕은 아니다"

군주가 앞에서 말한 것들 중에서 좋다고 생각되는 성품들(virtues)을 모두 갖추고 있다면 그야말로 가장 찬양받을 만하며, 모든 사람들이 이를 기꺼이 인정할 것이라는 점을 나는 알고 있다. 그러나 이 모든 것을 갖추는 것이 가능하지 않고, 상황이란 것이 전적으로 유덕한 삶을 영위하는 것을 용납하지 않기 때문에, 신중한 사람이라면 자신의 권력기반을 파괴할 법한 악덕으로 악명을 떨치는 것을 피하고, 또 정치적으로 위험을 초래하지 않는 악덕들도 가급적 피하도록 노력해야 할 것이다.

그러나 만약 그렇게 할 수 없다면, 후자의 악덕은 별다른 불안을 느끼지 않고 즐겨도 좋을 것이다. 그러나 그것 없이는 권력을 보존하기 어려운 악덕으로 악명을 떨치는 것에 대해서는 개의치 말아야 할 것이다. 왜냐하면 모든 것을 신중하게 고려할 때, 얼핏 유덕한 것으로 보이는 어떤 일을 하는 것이 자신의 파멸을 초래하는 반면, 일견 악덕으로 보이는 다른 일을 하는 것이 결과적으로 자신의 입장을 강화시키고 번영을 가져오는 경우가 있기 때문이다.

"관후함이라는 평판을 추구하는 데에 따르는 위험"

상술한 성품 중에서 우선 첫 번째 것을 논한다면, 나는 관후하다고 생각되는 것이 바람직하기는 하지만, 관후함이 정말로 당신이 관후하게 여겨질 정도로 실천된다면, 당신에게 해롭다고 주장한다. 왜냐하면 당신이 만약 그 덕을 현명하고 정당하게 실천한다면, 그것은 알려지지 않을 것이며, 당신은 그 반대의 악덕[60]을 실천한다는 비난을 면치 못할 것이기 때문이다. 반면에 관후하다는 평판을 얻고자 한다면, 사치스럽고 과시적으로 돈을 써야 할 것이다.

그러나 군주는 그렇게 행동함으로써 불가피하게 그의 모든 자원을 호화로운 자기 과시를 위해서 소모하기 마련이다. 그리고 그가 계속해서 관후하다고 생각되기를 원하면, 그는 궁극적으로 탐욕적이 되고, 인민(the people)에게 무거운 세금을 물리게 되며, 가능한 모든 수단을 동원하여 인민을 수탈하지 않을 수 없게 된다. 그리하여 그는 신민들(subjects)에게 미움을 받기 시작할 것이며, 또한 그가 궁핍해졌기 때문에, 별 존경을 받지 못하게 될 것이다. 그의 관후함이 많은 사람들에게 피해를 주고 단지 소수의 사람들에게만 이익을 베풀었기 때문에, 그는 불만의 징조를 느끼게 되며 그의 권좌에 대한 최초의 진정한 위협이 그에게 중대한 시련으로 다가올 것이다. 그가 이 점을 깨닫고 그의 처신을 바꾸고자 해도, 그는 즉각적으로 인색하다는 악평을 받게 될 것이다.

『군주론』 제16장 관후함과 인색함

"검약이 진정한 관후함이다"

군주는 자신에게 해를 끼치지 않으면서 관후함이라는 덕을 실천하고 동시에 관후하다는 평판을 얻을 수 없기 때문에, 애당초 인색하다는 평에 대해서는 신경을 쓰지 말아야 한다. 왜냐하면 그의 검약함으로 인해서 그를 공격하는 어떠한 적에 대해서도 방어할 만큼 그리고 전투를 수행하기 위해서 인민들에게 특별세를 부과하지 않아도 될 만큼 그의 재정이 충분하다는 점을 사람들이 깨닫게 되면, 궁극적으로 그는 더욱 관후하다[61]고 생각될 것이기 때문이다. 그리하여 그는 대다수의 사람들에게 관후하게 행동한 셈이 되는데, 왜냐하면 그들의 재산을 건드리지 않았고, 그가 아무것도 주지 않은 단지 소수의 사람들에게만[62] 인색하게 행동했기 때문이다.

우리 시대에 위대한 업적을 성취한 사람들은 모두 인색하다는 평판을 들었다. 그렇지 않은 모든 사람들은 실패했다. 율리우스 교황은 교황이 되기 위해서 관후하다는 평판을 키웠지만,[63] 교황이 된 후에 그는 전쟁을 하려고 했기 때문에, 그러한 평판을 유지하고자 애쓰지 않았다. 현재의 프랑스 왕[64]은

2장 마키아벨리의 정치 사상 _ 191

자신의 검약한 생활로 인해서 항상 추가적인 경비를 충당할
수 있었기 때문에, 신민들에게 특별세를 부과하지 않고도 많
은 전쟁을 수행했다. 현재의 스페인 왕[65]이 관후하다는 평판
을 누리고 있었더라면, 그는 그토록 많은 전투를 성공적으로
수행할 수 없었을 것이다.

『군주론』 제16장 관후함과 인색함

"관후함은 자기 소모적이다"

　관후함처럼 자기 소모적인 것은 없다. 당신은 그 덕을 실
천함에 따라서, 실천할 수 있는 능력을 상실하게 된다. 당신
은 빈곤해지고 경멸을 받거나 아니면 빈곤을 피하고자 하는
당신의 노력으로 인해서 탐욕적이 되고 미움을 받게 된다. 군
주는 모름지기 경멸받고 미움 받는 일을 경계해야 하는데, 관
후함은 이 두 가지 길로 귀결된다. 따라서 비난은 받되 미움
은 받지 않는, 인색하다는 평판을 얻는 것이 보다 더 현명한
방책이다. 이것이, 관후하다는 평판을 얻기 위해서 결국 비난
은 물론 미움까지 받게 되는, 탐욕스럽다는 평판을 얻게 되는
처지에 봉착하는 것보다 더 낫다.

"술책이 진실을 이긴다"

군주가 자신의 약속을 지키며 기만책을 쓰지 않고 정직하게 사는 것이 얼마나 찬양받을 만한 것인지를 모든 사람이 알고 있다. 그럼에도 불구하고, 경험에 따르면 우리 시대에 위대한 업적을 성취한 군주는 자신의 약속을 별로 중시하지 않고 오히려 인간을 혼동시키는 데에 능숙한 인물들이라는 것을 알 수 있다. 그들은 신의를 지키는 자들에게 맞서서 항상 승리를 거두었다.

"군주는 동물로서 그리고 인간으로서 싸워야 한다"

그렇다면 싸움에는 두 가지 방도가 있다는 점을 알 필요가 있다. 그 하나는 법률에 의거한 것이고, 다른 하나는 힘에 의거한 것이다. 첫째 방도는 인간에게 합당한 것이고, 둘째 방도는 짐승에게 합당한 것이다. 그러나 전자로는 종종 불충분하기 때문에 후자를 사용할 줄 알아야 한다. 따라서 군주는 모름지기 인간에게 합당한 방도를 사용할 뿐만 아니라 짐승을 모방하는 방법도 알아야 한다. 이 정책을 고대의 저술가들은 군주들에게 비유적으로 가르쳤다. 그들은 아킬레스나 고대의 유명한 많은 군주들[66]이 반인반수(半人半獸)의 카이론에게 맡겨져 보호·양육되었다는 점을 지적하고 있다. 반인 반수를 스승으로 섬겼다는 것은 군주가 이러한 양면적인 본성을 사용할 필요가 있다는 것과, 그 중 어느 한 쪽을 결여하면 그 지위를 오래 보존할 수 없다는 것을 상징한다.

『군주론』 제18장 군주는 어떻게 약속을 지켜야 하는가

"여우와 사자"

그렇다면 군주는 짐승처럼 행동하는 법을 알아야 하기 때문에, 여우와 사자의 기질을 모방해야 한다. 왜냐하면 사자는 함정에 빠지기 쉽고 여우는 늑대를 물리칠 수 없기 때문이다. 따라서 함정을 알아채기 위해서는 여우가 되어야 하고 늑대를 혼내주려면 사자가 되어야 한다. 단순히 사자의 힘에만 의지하는 자는 사태를 제대로 이해하지 못한다. 따라서 현명한 군주는 신의를 지키는 것이 그에게 불리하게 작용할 때 그리고 약속을 맺은 이유가 더 이상 존재하지 않을 때, 약속을 지킬 수 없으며 지켜서도 안 된다. 이 조언은 모든 인간이 정직하다면 온당하지 못할 것이다. 그러나 인간이란 신의가 없고 당신과 맺은 약속을 지키려고 하지 않기 때문에, 당신 자신이 그들과 맺은 약속에 구속되어서는 안 된다.

게다가 약속을 지키지 못한 것에 대한 그럴듯한 이유는 항상 둘러댈 수 있기 마련이다. 이 점에 관해서 근래의 무수한

예를 들 수 있으며 얼마나 많은 평화조약과 협정이 신의 없는 군주들에 의해서 파기되고 무효화되었는지를 보여줄 수 있다. 여우의 기질을 가장 잘 모방한 자들이 가장 큰 성공을 거두었다. 그러나 여우다운 기질은 잘 위장하여 숨겨야 한다. 인간은 능숙한 기만자이며 위장자여야 한다. 또한 인간은 매우 단순하고 목전의 필요에 따라 쉽게 움직이기 때문에, 능란한 기만자는 속고자 하는 사람들을 항상 쉽게 발견할 수 있다.

『군주론』 제18장 군주는 어떻게 약속을 지켜야 하는가

"다수는 외양에 따라 판단한다"

현명한 군주는 그의 입에서 나오는 모든 말들이 앞에서 이야기한 다섯 가지의 성품들로 가득 차 있도록 조심해야 한다. 그를 견문하는 사람들에게 그는 지극히 자비롭고 신의가 있으며 정직하고 인간적이고 신실한 것처럼 보여야 한다. 그리고 이 중에서도 특히 신실한 것처럼 보여야 한다. 이러한 문제에 관해서 대부분의 사람들은 손으로 만져보고 판단하기보다는 눈으로 보고 판단하기 마련이다. 왜냐하면 모든 사람들이 당신을 볼 수는 있지만, 당신을 직접 만져볼 수 있는 사람은 매우 드물기 때문이다. 모든 사람들이 당신이 어떻게 나타나는가를 볼 수 있는 반면에 당신의 진면모에 대해서 직접 경험할 수 있는 사람은 소수에 불과하다.[67]

그리고 그러한 소수는 군주의 위엄에 의해서 유지되는 대다수의 견해에 감히 도전하지 못한다. 인간의 모든 행동에 관해서, 특히 직접 설명을 들을 기회가 없는 군주의 행동에 관해서 인간은 결과에만 주목한다. 군주가 전쟁에서 이기고 국가를 보존하면, 그 수단은 모든 사람에 의해서 항상 명예롭고 찬양받을 만한 것으로 판단될 것이다. 왜냐하면 보통 사람들은 외양과 결과에 감명받기 때문이다. 어디에서나 보통 사람들이 압도적 다수이고 다수가 정부와 의견을 같이 할 때, 소수[68]는 고립되어 있기 마련이다. 이름을 굳이 밝히지는 않겠는데,[69] 우리 시대의 한 군주는 실상 평화와 신의에 적대적이지만, 입으로는 항상 이를 부르짖고 있다. 하지만 만약 그가 이를 말 그대로 실천에 옮겼더라면, 그는 자신의 평판이나 권력을 잃었을 것이며, 그것도 여러 번 잃었을 것이다.

『군주론』 제19장 경멸과 미움은 어떻게 피해야 하는가
"군주는, 호의는 자신이 베풀고 처벌은 신하가 내리도록 한다"

이로부터 또 다른 중요한 교훈을 배울 수 있는데, 군주는 미움을 받는 일은 타인에게 떠넘기고 인기를 얻는 일은 자신이 친히 해야 한다는 것이다. 다시 한 번, 군주는 귀족을 존중해야 하지만 인민들로부터 미움을 사서는 안 된다는 점을 강조하고 싶다.

3장

운명론과 인간관

정치에서 능력(비르투)과 운명

『군주론』제6장 자신의 무력과 능력에 의해서 획득한 새로운 군주국

"능력 대 행운"

새로운 군주가 전적으로 새로운 공국을 다스리는 데에서 부딪치는 어려움은 그가 가진 능력에 의해서 좌우된다. 그리고 일개 시민에서 군주가 된다는 것은 그가 유능하거나 행운을 누린다는 것을 전제하기 때문에, 이 둘 중의 어느 한 요소가 어느 정도까지 어려움을 더는 데에 상당한 도움이 되었을 법하다. 하지만 그가 행운에 의존하는 일이 거의 없다면, 자신의 지위를 더욱 잘 유지할 것이다. 또한 그가 다른 국가를 가지고 있지 않기 때문에 직접 그 나라에 거주하면서 다스려야 한다면 더욱 도움이 될 것이다.

"능력의 사례들"

행운 또는 타인의 호의가 아니라 자신의 능력에 의해서 군주가 된 인물들을 살펴볼 때, 나는 모세, 키루스, 로물루스, 테세우스 등과 같은 인물들이 가장 뛰어나다고 생각한다. 그중 모세는 신이 명령한 바를 단지 집행한 자에 불과하기 때문에 논의의 대상에서 제외되어야 한다고 생각하는 사람도 있겠지만, 신과 대화를 할 만한 가치가 있는 인물로 선택된 신의 은총 그 자체만으로도 모세는 찬양받을 만하다.

그렇다면 왕국을 획득하거나 건국한 키루스 등과 같은 인물들을 검토해 보자. 그들 역시 탁월한 인물들임을 알 수 있고, 그들의 행동과 조치도 검토해 보면, 신을 섬기고 있던 모세의 그것과 별로 다를 바 없는 것 같다.

그들의 행적과 생애를 검토해 보면, 질료를 자신들이 생각한 최선의 형태로 빚어낼 기회를 가진 것 외에는 그들이 행운에 의존한 바가 없다는 것을 알 수 있다. 그러한 기회를 가지지 못했더라면, 그들의 위대한 정신력은 탕진되어버렸을 것이고, 그들에게 능력이 없었더라면 그러한 기회는 무산되어버렸을 것이다.

이런 의미에서 모세의 출현을 위해서 유대인들은 이집트인들에 의해서 노예상태에서 탄압받아야 할 필요가 있었으며, 그 결과 유대인들은 예종에서 벗어나기 위해서 그를 따를 준비가 되어 있었다. 로물루스가 로마의 건국자이자 왕이 되기 위해서는 그가 알바에서 태어나자마자 버려질 필요가 있었다. 마찬가지로 키루스 왕도 메디아인들의 지배에 불만을 품은 페르시아인들과 오랜 평화로 인해서 유약해진 메디아인들을 필요로 했다. 그리고 테세우스도 아테네인들이 분열되어 있지 않았더라면 자신의 모든 능력을 발휘할 수 없었을 것이다.

그렇다면 이러한 기회들이야말로 위대한 인물들로 하여금 자신들의 업적을 성공적으로 달성하게 했고, 그들이 지닌 비범한 능력이 그들로 하여금 이러한 기회를 포착·활용하게 한 것이다. 그 결과 그들의 나라는 영광을 누리며 크게 번영할 수 있었다. 그들처럼 자신의 능력으로 군주가 된 인물들은 권력을 얻는 데에 시련을 겪지만, 일단 권력을 쥐면 쉽게 유지한다.

『군주론』 제6장 자신의 무력과 능력에 의해서 획득한 새로운 군주국

"시라쿠사의 히에론"

이미 논의한 유명한 사례보다 덜 중요한 사례를 살펴보도록 하자. 그러나 그 사례 역시 분명히 이와 같은 맥락에서 언급할 가치가 있으며, 다른 모든 사례의 전형적인 본보기이다.

그러한 사례로서 나는 시라쿠사의 히에론 왕을 인용하겠다. 그는 일개 시민에서 시라쿠사의 군주가 되었다. 그는 아주 좋은 기회를 활용했는데, 그 기회를 제외한다면 그의 성공은 전혀 행운에 근거하지 않았다. 시라쿠사인들이 절망적인 위기 상황에 몰렸을 때 그를 장군으로 뽑았다.

그는 자신의 직무를 성공적으로 수행하여 군주가 되었다. 그리고 자신의 사적인 생활에서도 그는 대단한 능력을 발휘했으며, 그에 관해서는 "군주가 되기 위해서 그가 가지지 못했던 것은 왕국이었다"라는 기록이 전해 내려올 정도이다.[70] 그는 옛 군대를 해체하고 새로운 군대를 조직했으며 예전의 동맹을 파기하고 새로운 동맹을 체결했다. 자신의 군대와 믿을 만한 동맹을 가지자마자 그는 이를 토대로 그가 원하던 국가를 세울 수 있었다. 따라서 그에게 어려운 일이란 권력을 얻는 것이었지, 유지하는 것이 아니었다.

『군주론』 제8장 사악한 방법을 사용하여 군주가 된 인물들

"사악함으로는 진정한 영광을 얻을 수 없다"

아가토클레스의 행적과 생애를 검토해 보면, 그의 성공에 운명이 아무런 역할을 하지 않았음을 알 수 있다. 왜냐하면 (앞에서 말한 것처럼) 그가 군대에서 승진하여 권력을 잡고 그 권력을 대담하고 위험이 따르는 많은 행동을 통해서 유지

하는 데에 어느 누구의 호의에 의해서가 아니라 스스로의 힘으로 갖은 난관과 위험을 극복했기 때문이다.

그러나 동료 시민을 죽이고, 친구를 배반하며, 신의가 없이 처신하고, 무자비하며, 반종교적인 것을 덕[71]이라고 부를 수는 없다. 그러한 행동을 통해서 권력을 얻을 수 있을지언정 영광을 얻을 수는 없다. 하지만 아가토클레스가 위기를 타개하면서 보여준 능력과 곤경을 참고 극복하면서 발휘한 불굴의 정신을 고려한다면, 그는 그 어떤 유능한 장군과 비교해도 손색이 없다고 판단된다. 그렇지만 끔찍하게 잔인하고 비인간적인 행동과 무수하게 저지른 악행으로 인해서 그는 훌륭한 인물로 평가될 수 없다. 그렇다면 그가 운이나 능력(덕)[72] 중 어느 하나에도 의존하지 않고 성취한 것을 그것의 탓으로 돌릴 수는 없다.

『군주론』 제24장 어떻게 해서 이탈리아의 군주들은 나라를 잃게 되었는가

"군주는 자신의 능력에 의존해야 한다"

따라서 자신의 왕국을 오랫동안 다스리다가 잃은 우리의 군주들은 악운을 탓할 것이 아니라 자신의 무능함을 책망해야 할 것이다. 왜냐하면 평화 시에 그들은 사태가 변할 것이라고는 결코 생각하지 않았기 때문이다(날씨가 좋을 때 폭풍을 예상하지 않는 것은 인간의 공통된 약점이다). 그러다가 역경

에 처하면, 그들은 방어할 생각은 하지 않고 오직 도망갈 궁리만 했다. 그리고 그들은 정복자의 오만무례한 횡포에 분노한 나머지 인민이 그들에게 권력을 되찾아줄 것을 희망했다.

이 정책은 다른 모든 정책이 가능하지 않다면 온당할 수 있지만, 다른 정책을 등한시하고 이 정책에 기대는 것은 가당치 않다. 사람은 누군가 자기를 일으켜 세워줄 것이라고 기대하고 넘어져서는 안 된다. 아무도 도와주지 않을 수 있으며, 설사 인민이 당신을 일으켜 세워준다고 해도 그로 인해서 당신이 확고해지는 것은 아니다. 그러한 방어는 당신의 능력 밖에 있기 때문에 유약하고 비겁한 것이다. 당신의 주도하에 있고 자신의 능력에 입각한 방어만이 효과적이고, 확실하며, 영구적이다.

『군주론』 제25장 운명은 인간사에 얼마나 많은 힘을 행사하는가, 그리고 인간은 어떻게 운명에 대처해야 하는가

"운명은 우리의 행동의 반 이상을 통제한다"

나는 본래 세상일이란 운명과 신에 의해서 다스려지기 때문에 인간의 능력은 이를 통제할 수 없다고 많은 사람들이 생각해왔고, 여전히 그렇게 생각한다는 점을 잘 알고 있다. 게다가 그들은 그것에 대해서 인간은 어떠한 해결책도 발견할 수 없다고 생각한다. 그렇기 때문에 매사에 땀을 흘리며 애써

노력해보았자 소용없으며, 운명이 지배하도록 내버려두는 것이 더 낫다고 결론지을 수 있다. 이러한 견해는 지금까지[73] 일어난 그리고 앞으로 일어날 예상치 못한 대격변 때문에 우리 시대에 더욱 설득력을 얻어가고 있다. 이 문제에 관해서 생각할 때, 나도 간혹 어느 정도까지는 이 의견에 공감한다. 그럼에도 불구하고 인간의 자유의지를 박탈하지 않기 위해서 나는 운명이란 우리 활동의 반만 주재할 뿐이며 대략 나머지 반은 우리의 통제에 맡겨져 있다고 생각한다.[74]

『군주론』 제25장 운명은 인간사에 얼마나 많은 힘을 행사하는가, 그리고 인간은 어떻게 운명에 대처해야 하는가

"운명의 범람은 통제될 수 있다"

나는 운명의 여신을 위험한 강[75]에 비유한다. 이 강은 노하면 평야를 덮치고, 나무나 집을 파괴하고, 이쪽 땅을 저쪽으로 옮겨놓기도 한다. 모든 사람들이 그 격류 앞에서는 도망가며, 어떤 방법으로든 제지하지 못하고 굴복하고 만다. 그러나 그렇다고 해서 강이 평온할 때 인간이 제방과 둑을 쌓아 예방조치를 취함으로써, 다음에 강물이 불더라도 제방을 넘어오지 못하게 하거나, 아니면 제방을 넘어와도 그 힘을 통제하지 못하거나 약화시킬 수 없다는 것을 의미하는 것은 아니다.

운명도 이와 마찬가지이다. 운명은 자신에게 저항하기 위

해서 아무런 힘이 조직되어 있지 않은 곳에서 그 위력을 떨치며, 자신을 제지하기 위한 아무런 제방이나 둑이 없는 곳을 덮친다. 그리고 만약 당신이 이러한 격변의 근원이자 무대인 이탈리아를 살펴보면, 당신은 이 나라가 바로 제방이나 방파제가 없는 들판인 것을 알 수 있다. 만약 이 나라가 독일, 스페인 및 프랑스처럼 적절한 방파제로 보호되어 있었더라면, 홍수가 그렇게 커다란 격변을 초래하지 않았거나, 아니면 아예 홍수마저 일어나지 않았을 것이다. 대체로 이 정도면 일반적인 차원에서 운명에 대처하는 일에 관해서 충분히 말한 셈이다.

「군주론」 제25장 운명은 인간사에 얼마나 많은 힘을 행사하는가, 그리고 인간은 어떻게 운명에 대처해야 하는가

"자신의 행동을 시대에 잘 적응시키는 사람들은 행운을 누린다"

이 문제를 좀더 구체적으로 고찰해보면, 어떤 군주가 성격이나 능력은 전혀 변하지 않았음에도 불구하고, 오늘은 흥했다가 내일은 망하는 모습을 목격하게 된다. 나는 이러한 변고가 우선 이미 상세하게 논한 바 있는 원인, 즉 전적으로 운을 신뢰한 군주가 그의 운이 다했을 때 몰락하게 되는 데에서 기인한다고 믿는다. 게다가 우리는 우리의 대처방식이 시대와 상황에 적합할 때 성공하고, 그렇지 못할 때 실패한다고 믿는다.

왜냐하면 모든 사람이 추구하는 목표, 곧 영광과 부에 대해서 인간이 상이한 방법으로 접근하는 것을 보기 때문이다. 한 사람은 신중하게 다른 사람은 격렬하게, 한 사람은 강력하게 다른 사람은 교활하게, 한 사람은 참을성 있게 다른 사람은 성급하게 나아간다. 그리고 각각의 상이한 행동방식이 효과적일 수 있다.

한편으로 신중한 두 사람 중에서 한 사람은 자신의 목표를 달성하고 다른 사람은 실패한다. 또한 상이한 성격을 가진 두 사람, 즉 한 사람은 신중하게 다른 사람은 격렬하게 행동하는데, 모두 성공하기도 한다. 이러한 상이한 결과에 대한 이유는 그들의 행동양식이 그들이 활동하는 상황에 부합하는가에서 찾을 수 있다. 결과적으로 내가 말한 것처럼, 상이하게 행동하는 두 사람이 동일한 결과를 성취할 수 있다. 그리고 두 사람이 똑같은 방법으로 행동했지만, 한 사람은 성공하고 다른 사람은 실패할 수 있다. 이로부터 번영과 쇠퇴가 거듭된다.

왜냐하면 어떤 사람이 신중하고 참을성 있게 행동하고 시대와 상황이 그의 방법에 적합한 방향으로 변화한다면, 그는 성공할 것이다. 그러나 시대와 상황이 다시 변하면, 그는 자신의 방식을 변화시키지 않았기 때문에 실패할 것이다. 그리고 충분히 유연하게 행동할 수 있을 만큼 분별 있는 사람을 발견하기란 어렵다. 우리의 타고난 기질이 너무 강력해서 그러한 변화를 용납하지 않거나, 아니면 일정한 방법으로 행동함으로써 항상 성공을 거두었기 때문에 우리의 방법을 바꾸는 것이 좋다고 생각하지 않기 때문이다.

따라서 만약 신중한 사람이 신속하게 행동하는 것이 필요하다면, 그는 어떻게 행동해야 할지 알지 못할 것이고, 이로 인해서 그는 실패하고 만다. 그러나 시대와 상황에 알맞게 자신의 성격을 변화시키는 것이 가능하다면 그러한 사람은 항상 성공할 것이다.

『군주론』 제25장 운명은 인간사에 얼마나 많은 힘을 행사하는가, 그리고 인간은 어떻게 운명에 대처해야 하는가

"운명은 대담한 자들과 벗한다"

따라서 나는 운명은 가변적인데 인간은 유연성을 결여하고 있기 때문에, 자신들의 처신방법이 운명과 조화를 이루면 성공하고, 그렇지 못하면 실패한다고 결론짓겠다. 나는 신중한 것보다는 과감한 것[76]이 더 좋다고 분명히 생각한다. 왜냐하면 운명의 신은 여신이고 만약 당신이 그 여자를 손아귀에 넣고자 한다면, 그녀를 거칠게 다루는 것이 필요하기 때문이다. 그리고 그녀가 계산적인 사람보다는 과단성 있게 행동하는 사람들에게 더욱 매력을 느낀다는 점은 명백하다. 운명은 여신이므로 그녀는 항상 젊은 사람들에게 이끌린다. 왜냐하

면 젊은 사람들은 덜 신중하고, 보다 공격적이며, 그녀를 더욱 대담하게 다루기 때문이다.

마키아벨리의 인간관

『군주론』 제3장 복합 군주국

"어중간한 조치는 결단코 피해야 한다"

　이와 관련하여 여기에서 염두에 두어야 할 것은 인간들이란 다정하게 안아주거나 아니면 아주 짓밟아 뭉개버려야 한다는 점이다. 왜냐하면 인간이란 사소한 피해에 대해서는 보복하려고 들지만 엄청난 피해에 대해서는 감히 복수할 엄두도 못 내기 때문이다. 따라서 사람들에게 피해를 입히려면 복수를 두려워할 필요가 없을 정도로 아예 크게 입혀야 한다.

"현명한 지배자는 위험한 시기에도 충성을 확보한다"

…… 군주는 평화 시에, 곧 시민들이 그의 정부를 필요로 했을 때 보여주었던 바에 의지할 수 없다. 왜냐하면 평화 시에는 모든 사람이 몰려들며, 누구나 충성을 약속하고, 사실 죽을 가능성이 없기 때문에 군주를 위해서 목숨을 바치겠다고 맹세한다. 그러나 막상 역경에 처해서 정부가 시민들의 봉사를 필요로 할 때 지원자는 별로 없다. 그리고 그때가 되어서야 그들의 충성도를 시험하는 일은, 처음이자 마지막이기 때문에 지극히 위험하다. 따라서 현명한 군주라면 어떠한 상황에 처하든지 시민들이 정부와 자기를 믿고 따르도록 조치를 취해야 하며, 그렇게 해야만 시민들은 그에게 항상 충성할 것이다.

"현명한 군주가 포위공격을 감당하는 방법"

이러한 이유로 견고한 도성을 가지고 있으면서 인민들에게 미움 받지 않는 군주는 공격으로부터 안전하다. 그를 공격하는 자는 누구나 결국 수치스러운 퇴각을 감수해야 할 것이다. 왜냐하면 이 세상은 너무나 많은 우발적인 일들로 가득 차 있기 때문에 1년 내내 하는 일 없이 군대로 하여금 성을 포위하게 하는 일은 사실상 불가능하기 때문이다. 도성 밖에 재산을 가지고 있는 인민들이 자기 재산이 파괴당하는 것을 보면 참을성을 잃는 데다가 포위가 지속되면 이기심[77]이 발동하여 군주에 대한 충성심이 약해진다고 반론을 제기할 법도 하다. 그러나 나는 강하고 용기 있는 군주는 그의 신민들로 하여금 그러한 고난이 오래 지속되지 않는다고 믿도록 설득하고 적의 잔혹함에 대해서 경각심을 일깨우며 시끄럽게 떠들어대는 자들을 교묘하게 처리함으로써 그러한 위기를 극복할 수 있다고 대꾸하겠다.

게다가 적군은 아마 도착하자마자 성 밖의 외곽지역을 불태우고 약탈하겠지만, 그때는 아직 시민들의 사기가 드높고 버틸 각오가 되어 있을 무렵이라고 생각된다. 따라서 며칠이 지나면 시민들의 흥분은 가라앉게 되며, 피해는 이미 발생했고 희생을 감당한 연후라, 거기에 대해서 더 이상 어떤 조치를 취할 수도 없기 때문에 군주는 두려워할 이유가 줄어들게 된다. 더욱이 시민들은 군주를 방어하기 위해서 자기들의 집이 불타고 재산이 약탈되었고, 그 결과 군주가 자기들에게 빚을 지고 있다고 생각하기 때문에, 한데 뭉쳐서 더욱더 군주를 지지하게 된다. 왜냐하면 인간은 그 본성상 그들이 받은 은혜는 물론 베푼 은혜에 의해서도 유대가 강화되는 존재이기 때문이다.

따라서 이 모든 점을 조심스럽게 고려할 때, 어떤 포위공격에 처해 있든 필요한 식량과 방어수단을 갖추고 있는 한, 현명한 군주가 시민들의 사기를 유지하는 일이 어렵지 않으리라는 점은 명백하다.

『군주론』, 제17장 잔인함과 인자함, 그리고 사랑받는 것과 두려움의 대상이 되는 것 중 어느 편이 더 나은가

"사랑을 받는 것보다는 두려움의 대상이 되는 것이 더 안전하다"

그런데 사랑을 받는 것과 두려움의 대상이 되는 것 중 어느 편이 더 나은가에 대해서는 논쟁이 있었다. 내 견해는 사랑도 받고 동시에 두려움의 대상이 되는 것이 바람직하다는 것이다. 그러나 동시에 둘 다 얻는 것이 어렵기 때문에, 굳이 둘 중에 하나를 선택해야 한다면 나는 사랑을 받는 것보다는 두려움의 대상이 되는 것이 훨씬 더 안전하다고 생각한다.

이 점은 인간 일반에 대해서 말해준다. 즉, 인간이란 은혜를 모르고, 변덕스러우며, 위선자인 데다 기만에 능하며, 위험을 피하고 이득에 눈이 어둡다는 것이다. 당신이 은혜를 베푸는 동안 사람들은 모두 당신에게 온갖 충성을 바친다. 이미 말한 것처럼, 막상 그럴 필요가 별로 없을 때 사람들은 당신을 위해서 피를 흘리고, 자신의 소유물, 생명 그리고 자식마저도 바칠 것처럼 행동한다. 그러나 당신이 정작 궁지에 몰리

게 되면 그들은 등을 돌린다. 따라서 전적으로 그들의 약속을 믿고 다른 방비책을 소홀히 한 군주는 몰락을 자초할 뿐이다. 위대하고 고상한 성격을 통하지 않고 돈으로 얻게 된 우정은 대가는 지불했지만, 아직 확보된 것은 아니며, 정작 필요할 때 믿을 만한 것이 못 된다는 것이 판명된다.

인간은 두려움을 불러일으키는 자보다 사랑을 받는 자에게 해를 끼치는 것을 덜 주저한다. 왜냐하면 사랑이란 일종의 의무감에 의해서 유지되는데 인간은 지나치게 이해타산적이어서 자신들의 이익을 취할 기회가 있으면 언제나 자신을 사랑한 자를 팽개쳐버리기 때문이다. 그러나 두려움은 처벌에 대한 공포로써 유지되며 항상 효과적이다.

4장

기타 마키아벨리의
주요 사상

마키아벨리의 국가유형 분류

『군주론』 제1장 군주국의 종류와 그 성립과정

역사상 오늘날까지 인간을 지배해온 국가나 통치체는 모두 공화국 아니면 군주국이었다. 군주국이란 (통치자가 오랫동안 같은 가계로부터 내려오는) 세습 군주국이거나 신생 군주국이다. 신생 군주국은 프란체스코 스포르차[78]가 통치하는 밀라노처럼 전적으로 새로 탄생한 군주국이거나 스페인 왕[79]이 통치하는 나폴리 왕국처럼 기왕의 세습 군주국의 군주에게 정복당하여 새로 편입된 군주국이다. 그런데 이런 식으로 얻은 영토에는 과거 군주통치 하에서 익숙하게 살아온 곳과 그렇지 않고 자유롭게 살아온 곳[80]이 있다. 그리고 그러한 영토를 얻는 방법에는 타인의 무력을 이용하는 경우와 자신의

무력을 사용하는 경우가 있으며, 운 또는 호의에 따른 경우와
능력에 의한 경우가 있다.[81]

『군주론』에서의 인물연구[82]

(1) 체사레 보르자

『군주론』 제7장 타인의 무력과 호의로 얻게 된 새로운 군주국

"체사레 보르자"

　반면에 흔히 발렌티노 공작으로 불리는 체사레 보르자는 그 지위를 부친의 호의와 조력으로 얻었는데, 그것이 다하자 그 지위를 잃고 말았다. 비록 그가 타인의 힘과 호의로 얻은 영토에 자신의 뿌리를 내리기 위해서 가능한 모든 수단을 동원하고, 신중하고 유능한 사람이 의당 해야 하는 일들을 다 했지만 말이다. 왜냐하면 내가 말한 것처럼 처음에 자신의 토대를 구축하지 않은 자는 그가 위대한 능력을 가지고 있으면

아마 나중에라도 그 일을 할 수 있는데, 이 작업은 그에게 수많은 시련을 안겨주며, 그나마 구축된 구조물도 매우 불안하기 때문이다.[83]

발렌티노 공작의 전체적인 행적을 고려하면, 그가 미래의 권력을 위해서 강력한 토대를 구축하는 데에 성공했음을 알 수 있다. 신생 군주에게 제공할 만한 모범적인 지침으로 그의 활동보다 더 훌륭한 것은 없기 때문에, 그의 행적을 논의하는 것이 무의미하다고 생각되지 않는다. 그리고 비록 그의 노력이 종국에는 물거품이 되고 말았지만, 그의 실패는 전적으로 예외적이고 악의적인 운명의 일격에 의한 것이었기 때문에 그를 나무라서는 안 될 것이다.

「군주론」 제7장 타인의 무력과 호의로 얻게 된 새로운 군주국

"체사레의 대실수 : 당신이 해를 입힌 적이 있는 자들을 신뢰하지 말라"

만약 공작을 비판할 수 있다면, 단지 교황 율리우스의 선출에 관한 일인데, 그는 정말로 잘못된 선택을 했다. 이미 말한 바와 같이 그가 비록 자신이 선호하는 인물을 교황으로 옹립할 수는 없었다고 할지라도, 자신이 반대하는 인물이 선출되는 것을 막을 수는 있었다. 그리고 그는 결코 자신이 피해를 입힌 적이 있거나 일단 교황이 되면 자신을 두려워할 만한

추기경이 선출되는 것을 허용해서는 안 되었던 것이다. 왜냐하면 인간이란 자신이 두려워하거나 미워하는 자에게 해를 가하기 때문이다. 추기경 중에서 그가 과거에 해를 입힌 적이 있는 인물은 산 피에로 애드 빈쿨라, 콜론나, 산 조르지오 그리고 아스카니오였다.[84]

그 밖의 다른 추기경들도 교황이 되면 그를 두려워했을 인물이다. 다만 예외로 루앙의 추기경[85]과 스페인 출신의 추기경이 그를 두려워하지 않았는데, 전자는 프랑스 왕국의 지지를 등에 업고 있고, 후자는 공작과 우호적인 관계에 있으며 은혜를 입은 적이 있기 때문이었다. 따라서 공작에게 가장 중요한 일은 스페인 출신 추기경을 교황으로 만드는 것이었고, 그것이 여의치 않으면 산 피에로 애드 빈쿨라가 아니라 루앙의 추기경이 선출되도록 일을 꾸미는 것이었다. 새로운 은혜를 베풀어 줌으로써 과거의 피해를 잊도록 할 수 있다고 믿는 것은 자기기만에 빠지는 것이다. 그렇다면 공작은 이 선거에서 치명적인 실수를 범한 셈이며, 이로 인해서 파멸을 자초했다.

(2) 율리우스 2세

"율리우스 2세는 교회를 강화시킨다"

　　그러고 나서 율리우스 교황이 등장했는데,[86] 당시의 상황을 보면 교회가 로마냐의 전 지역을 장악하고 있고, 로마의 귀족들은 무력화되었으며, 그 파벌들은 알렉산데르의 과감한 조치에 의해서 몰락했기 때문에, 율리우스는 이미 강력해진 교회국가를 물려받았다고 할 수 있다. 게다가 율리우스 교황은 이전의 알렉산데르 교황에게는 없었던 축재수단을 가지게 되었다.[87]

　　따라서 율리우스는 그가 이미 상속받은 것을 유지했을 뿐만 아니라 이를 확대했다. 그는 볼로냐를 점령하고, 베네치아의 세력을 파괴했으며, 프랑스군을 이탈리아에서 몰아낼 계획을 세웠다. 이 모든 계획은 성공을 거두었고, 게다가 특정 개인을 위한 것이 아니라[88] 교회의 세력을 선양하기 위해서 이 모든 일을 성취했기 때문에, 이 점에서 그는 특히 칭찬받을 만하다. 그는 오르시니 파와 콜론나 파를 여전히 무력한 상태로 유지했다. 비록 그들 중 몇몇 지도자들이 반란을 꾀하고자 했지만, 두 가지 요인이 이를 막고 있었다.

　　첫째는 교회세력이 매우 강력해서 그들을 압도했던 것이

고, 둘째는 어느 한 파벌이라도 이끌 수 있는 추기경이 없었다는 사실이다. 추기경은 이들 파벌들의 반목의 원인이었는데, 그들은 추기경을 지도자로 삼게 되면 언제나 분규를 일으키곤 했다. 로마 안에서나 밖에서나 파벌들을 형성하는 것은 으레 추기경이었고, 귀족들은 자신들이 속한 파벌들을 지지하지 않을 수 없었기 때문이다. 이처럼 고위성직자들의 야심이야말로 귀족들 간의 모든 알력과 분쟁의 근원이었던 것이다.

『군주론』 제25장 운명은 인간사에 얼마나 많은 힘을 행사하는가, 그리고 인간은 어떻게 운명에 대처해야 하는가

"운명은 교황 율리우스 2세를 선호했다"

교황 율리우스 2세는 항상 과감하게 모든 일을 처리했는데, 그의 일처리 방식이 시대와 상황에 적절히 부합했기 때문에 그는 항상 성공할 수 있었다. 조반니 벤티볼리오가 아직 살아 있을 때, 그가 볼로냐에 대해 감행했던 첫 원정을 생각해보라. 베네치아인들은 그 계획에 반대했고, 스페인 왕[89]도 반대했다. 그 작전에 관해서 율리우스는 프랑스 왕[90]과 협상을 한 적도 있었다. 그럼에도 불구하고 교황 특유의 불굴의 정신과 과감성으로써 그는 친히 그 원정을 지휘했다. 이러한 진격은 스페인 왕과 베네치아인들의 허를 찔렀고 이로써 그

들은 아무런 대책을 마련하지 못하고 수동적으로 방관하게 되었다. 후자는 두려워서, 전자는 나폴리 왕국 전체를 재탈환하고 싶은 욕망으로 인해서 수수방관했던 것이다.

한편 교황 율리우스는 프랑스 왕을 끌어들였다. 프랑스 왕은 베네치아의 영향력을 축소시키려고 교황과의 친선관계를 확립하고자 원하던 참인데, 교황이 이미 작전을 개시한 이상 공공연하게 교황의 감정을 거스르지 않고서는 군대 파견을 거부할 수 없다고 판단했다. 이와 같은 신속한 진격으로 율리우스는 사려 깊은 어떤 다른 교황도 성취할 수 없었던 업적을 성취했다. 그가 만약, 다른 교황이 그럴 법했던 것처럼, 모든 조건을 합의하고 해결한 후에 비로소 로마를 떠나려고 했다면, 그는 결코 성공하지 못했을 것이다. 왜냐하면 프랑스 왕은 군대 파견을 거절할 수 있는 수많은 핑계를 어떻게 해서든지 꾸며낼 수 있었을 것이고, 다른 나라들은 교황이 신중하게 처신해야 할 수많은 이유를 내놓았을 것이기 때문이다.

나는 성격상 이와 비슷한 교황의 다른 활약상을 여기에서 자세히 논하지 않겠지만, 그의 모든 활동은 그에게 좋은 결과를 가져왔다. 생애[91]가 짧았기 때문에 그는 실패를 맛보지 못했다. 그러나 신중하게 행동할 것이 요구되는 상황에 처했더라면 그는 몰락했을 것이다. 그는 결코 자신의 타고난 성질을 버리고 행동하지 못했을 것이기 때문이다.

(3) 막시밀리안 황제

『군주론』 제23장 아첨꾼을 어떻게 피할 것인가

"막시밀리안 황제는 조언을 구하지 않는다"

이것에 관한 최근의 사례를 들어보자. 현재의 막시밀리안 황제의 조언자인 루카 신부[92]는 황제가 어느 누구와도 상의하지 않고, 그렇다고 그가 정말 원하는 대로 행동한 적도 결코 없다고 말한 적이 있다. 이러한 사태는 내가 앞에서 충고한 대로 그가 행동하지 않은 데서 비롯된 결과이다. 왜냐하면 황제는 항상 은밀한 인물로서, 어느 누구에게도 그가 어떤 계획을 품고 있는지를 알리지 않으며, 조언을 구하지도 않는다. 그러나 그가 그의 계획을 수행함에 따라서, 궁정에 있는 사람들이 이에 관해서 알게 되고, 그러고 나서 달리 행동하라고 조언하기 시작한다. 그리고 그는 성격이 단호하지 않기 때문에, 설득을 당하게 되어 자신의 계획을 포기하기도 한다. 바로 이러한 이유로 어느 날 그가 명령한 것이 다음날 취소되고, 그가 원하거나 하고자 하는 바가 무엇인지 알려진 적이 결코 없으며, 어느 누구도 그의 결정을 신뢰할 수 없게 된다.

(4) 아가토클레스

「군주론」 제8장 사악한 방법을 사용하여 군주가 된 인물들

"아가토클레스의 성공"

시라쿠사의 왕이 되었던 시칠리아의 아가토클레스는 평민 출신[93]으로, 그것도 아주 미천하고 영락한 가문의 태생이었다. 그는 도공(陶工)의 아들로서 항상 방탕한 삶을 살아왔다. 그렇지만 그는 악행에도 불구하고 심신의 활력이 넘쳤기 때문에 군대에 들어가서 시라쿠사 군대의 사령관의 지위에 올랐다. 그 지위를 확보한 후 그는 군주가 되기로, 그것도 다른 사람에게 신세를 지지 않고 무력을 사용하여 권력을 장악하기로 결심했다.

이 목적을 달성하기 위해서 그는, 군대를 이끌고 시칠리아에서 전투를 수행 중이던 카르타고인인 하밀카르와 음모를 꾸몄다. 어느 날 아침 그는 공화국의 중대한 일을 결정할 필요가 있는 것처럼 가장하여 시라쿠사의 시민과 원로원을 소집했다. 사람들이 모인 다음에, 약속된 신호에 따라서 그의 군인들이 모든 의원들과 그 도시의 부유층 인물들을 살해했다. 이러한 학살을 저지른 후 그는 시를 장악하고 아무런 분규 없이 통치했다.

비록 그는 두 번씩이나 카르타고인들에게 패했고, 급기야는

그들에게 포위공격을 당하게 되었지만, 포위된 도시를 방어할 수 있음을 보여주었을 뿐만 아니라, 심지어 포위에 저항하도록 군대의 일부를 남겨둔 채, 나머지 병력을 이끌고 아프리카 본토를 공격했다. 그리하여 단숨에 카르타고인들의 포위를 풀고, 그들을 궁지에 몰아넣었다. 그렇게 되자 카르타고인들은 그와 화해를 하지 않을 수 없었으며, 그 결과 그들은 아프리카로 철수하고 시칠리아[94]를 아가토클레스에게 넘겨주었다.

귀족과 인민에 대한 마키아벨리의 평가

『군주론』 제9장 시민형 군주국

"인민이나 귀족이 군주를 옹립한다"

여기에서 말하는 군주정이란 인민이나 귀족 중 어느 일파가 기회를 장악하게 됨에 따라서 도입된다. 귀족은 인민의 압력을 감당할 수 없을 때, 그들 중의 어느 한 인물을 지원하고 추대하여 통치자로 만든 연후에 그의 보호 하에서 자신들의 욕망을 충족시키고자 한다. 다른 한편 인민은 귀족에게 대항할 수 없음을 깨달을 때, 그들 중의 한 사람을 지원하고 추대하여 그를 통치자로 옹립한 다음에 그의 권위를 통해서 자신들을 보호하고자 한다.

귀족의 도움으로 군주가 된 사람은 인민의 도움으로 군주가 된 사람보다 권력을 유지하는 것이 훨씬 더 어렵다는 점을 깨닫게 될 것이다. 왜냐하면 스스로를 그와 대등하다고 생각하는 많은 사람들이 그 주위에 있어서 그가 원하는 대로 명령을 내리거나 그들을 다룰 수 없기 때문이다. 반면에 인민의 지지를 받아 군주가 된 사람은 홀로서기를 할 수 있는데, 주위에 그에게 반대할 인물들이 없거나 있어도 소수에 불과하기 때문이다.

더욱이 군주가 타인을 해치지 않고 명예롭게 행동함으로써 귀족들을 만족시킬 수는 없다. 그러나 그렇게 행동함으로써 인민들을 만족시킬 수 있는데, 왜냐하면 인민들의 목표는 귀족들의 목표보다 명예롭기 때문이다. 즉, 귀족들은 단지 억압하고자 하는 데에 반해서 인민들은 단지 억압당하는 데에서 벗어나고자 하기 때문이다. 게다가 군주는 적대적인 인민들로부터 자신을 결코 보호할 수 없는데, 인민들은 우선 숫자가 많기 때문이다. 반면에 적대적인 귀족들로부터 자신을 보호하는 일은 그 숫자가 적기 때문에 어렵지 않다. 적대적인 인민들로부터 군주가 당할 수 있는 최악의 사태는 그들로부터 버림을 받는 것이다.

그러나 적대적인 귀족들로부터는 단순히 버림을 받는 데에 그치지 않고, 그들이 군주에게 반역행위를 할 수 있다는 점을 경계해야 한다. 귀족들은 선견지명이 있고 교활하기 때문에 자신들을 보호하기 위해서 필요한 대비책을 강구하며, 승산이 있는 자의 비위를 맞추고자 한다. 또한 군주는 늘 같은 인민들과 살아야 하지만 같은 귀족들과 더불어 살 필요는 없다. 왜냐하면 원할 때면 언제나 그는 귀족들의 작위를 수여할 수도 폐지할 수도 있으며, 자신이 원하는 바에 따라서 그들의 권력을 증가시키거나 감소시킬 수 있기 때문이다.

『군주론』 제9장 시민형 군주국

"군주가 귀족을 다루는 법"

이 점을 명백히 하기 위해서 귀족들에 관해서 주로 두 가지 고려사항을 염두에 둘 필요가 있다. 귀족들은 당신의 운명(성공)에 자신들의 운명을 결부시켜 처신하거나 아니면 그와 반대로 행동한다. 전자의 부류로서 탐욕스럽지 않은 자는 우대하고 존중해주어야 한다. 당신에게 확실한 충성을 표하지 않는 귀족들에 대해서는 그들의 처신에 깔린 두 가지의 상이한 이유를 구별해야 한다. 만약 그들이 소심하거나 타고난 기백이 결여되어서 그렇게 행동한다면 당신은 그들을, 특히 영리한 자들을 잘 활용해야 하는데, 왜냐하면 그들은 번영기에는 명예를 가져오고, 역경에 부딪친다고 해도 두려워할 만한 존재가 못 되기 때문이다.

그러나 귀족들이 계산적으로 야심을 품고 당신에게 충성

을 표하지 않는다면, 그것은 그들이 당신의 이익보다 자신들의 이익을 더 중시한다는 징표이다. 따라서 통치자는 이러한 귀족들을 매우 조심스럽게 관찰해야 하며, 그들이 마치 공인된 적인 것처럼 두려워해야 한다. 왜냐하면 그들은 군주가 역경에 처하면 언제라도 그를 파멸시키기 위해서 갖은 수단을 다 쓸 것이기 때문이다.

『군주론』, 제9장 시민형 군주국
"모든 군주는 인민의 지지가 필요하다"

한편 인민들의 지지로 군주가 된 자는 우호관계를 유지하도록 노력해야 할 것이다. 인민들이란 단지 억압당하지 않는 것을 원하기 때문에 이 일은 어렵지 않다. 그러나 인민들의 의사에 반해서 그리고 귀족들의 지지에 의해서 군주가 된 자는 다른 무엇보다도 먼저 인민들의 환심을 사려고 노력해야 할 것이며, 이는 당신이 그들을 보호함으로써 쉽게 성취할 수 있다. 그리고 인간이란 박해를 예상했던 사람으로부터 우대를 받으면 시혜를 베푼 사람에게 더욱 애정을 느끼기 마련이다. 인민들은 군주가 일거에 그들의 지지로 권력을 잡았을 때보다 그에게 더 끌릴 것이다.

군주가 인민들을 자기편으로 끌어들이는 데에는 많은 방법이 있는데, 그 방법들은 상황에 따라서 매우 다양하기 때문에 확실한 원칙들을 열거할 수는 없다. 따라서 이 문제는 제 쳐놓기로 하자. 다만 나는 군주가 그에게 우호적인 인민들을 가지는 것이 필수적이라는 점을 강조하겠다. 그렇지 않으면 역경에 처했을 때 고립무원에 빠질 것이다.

『군주론』제9장 시민형 군주국

"강력하고 현명한 군주는 인민에게 의지할 수 있다"

이러한 나의 견해에 대해서 "인민을 권력의 기초로 삼은 자는 진흙을 밟고 서 있는 것이나 마찬가지이다"라는 격언을 인용하면서 반론을 제기해서는 안 된다. 이 격언은 인민의 지지를 얻어 권력을 장악한 일개 시민이 적이나 관리들에 의해서 궁박한 처지에 몰린 상황에서 인민들이 그를 구원하러 올 것이라고 상상할 때 적용된다. 그와 같은 경우에 그는 로마의 그라쿠스 형제[95]나 피렌체의 조르지오 스칼리가 당했던 것처럼 종종 자신이 속았음을 깨달을 것이다.

그러나 인민들을 토대로 하여 권력을 장악하고 인민들을 부리는 법을 알며, 용맹이 뛰어나서 역경에 처해도 절망하지 않으며 그의 기백과 정책에 의해서 인민들의 사기를 유지할 수 있는 군주라면 인민들에게 배반당하는 일은 결코 없으며 자신의 권력이 확고한 터전 위에 서 있음을 알게 될 것이다.

법률과 군대의 관계

「군주론」 제12장 군대의 다양한 종류와 용병

"좋은 법률과 좋은 군대"

이제까지 나는 처음에 언급한 상이한 모든 종류의 군주국에 대해서 상세히 논했으며, 이들의 번영과 쇠퇴의 이유에 관해서도 폭넓게 고찰했다. 그리고 나는 많은 사람들이 군주국을 획득하고 유지하기 위해서 사용해온 방법들을 검토했다. 이제 나는 군주국을 공격하거나 방어하는 데에 사용할 수 있는 일반적인 방법을 고려하겠다. 앞에서 나는 군주가 권력의 확고한 토대를 가지는 것이 얼마나 필요한지를 역설한 바 있다. 그렇지 못한 군주는 항상 몰락하고 말 것이다. 모든 국가의 주된 기초는 (오래된 군주국이든 신생 군주국이든 복합

군주국이든) 좋은 법률[96]과 좋은 군대이다. 좋은 군대가 없이 좋은 법률을 가지기란 불가능[97]하고 좋은 군대가 있는 곳에는 항상 좋은 법률이 있기 때문에,[98] 나는 법률의 문제는 제쳐놓고 군대 문제를 논의하겠다.

5장

이탈리아의
해방을 위한 권고

이탈리아 통일을 위한 마지막 권고

『군주론』 제26장 야만족의 지배로부터 이탈리아의 해방을 위한 권고

"이탈리아 통일을 위한 마지막 권고"

이탈리아가 그토록 오랜 시일 동안 고대해온 구세주를 만나기 위해서 이 기회를 무슨 일이 있더라도 결코 놓칠 수 없습니다. 나는 이 모든 것을 이루 말로 형언할 수 없습니다. 이들 이방인들의 범람으로 고난을 겪던 이탈리아의 방방곡곡에서 사람들이 얼마나 많은 흠모의 정을 가지고 구세주를 맞이할 것인가! 그때 어떤 닫혀진 문이 그의 앞을 가로 막겠습니까? 어떤 백성들이 그에게 복종하기를 거부하겠습니까? 어떤 시기심이 그를 질투하겠습니까? 어느 이탈리아 인이 그를 따르는 것을 거절하겠습니까? 야만족의 폭정의 냄새가 모든

사람의 코를 찌릅니다. 이제 영광스러운 당신의 가문이 모든 정당한 임무를 수행하는 데에 따르는 용기와 희망을 가지고 이 사명을 떠맡아야 합니다. 그리하여 전하의 깃발 하에서 우리의 조국은 숭고해질 것이며, 전하의 지도 하에 페트라르카의 시구가 현실로 실현될 수 있기를 바랍니다.

> 용맹은 광포한 공격에 대항하여
> 무기를 들 것이다.
> 전쟁은 짧은 것이니.
> 이탈리아 인의 가슴에 옛날의 용기는
> 아직 살아 있거늘.[99]

3부

관련서 및 연보

Machiavelli

1513년에 집필된 『군주론』은 메디치가의 신생 군주에게 어떻게 하면 정치권력을 획득하고 유지하며 확대할 수 있는가에 관해 조언을 하기 위한 목적에서 구상되었다. 1513~1519년 사이에 씌어진 『로마사 논고』는 로마 공화정이 위대한 제국을 건설하는 데 성공한 원인을 밝히기 위해 리비우스(Titus Livius)의 『로마사』 첫 열 권에 대한 논평에 근거하여 로마의 정치·군사 제도와 대외정책을 상세히 분석하고 있다. 1519~1520년 사이에 저술된 『전술론』은 군사적 전략과 전술을 서술하고 있다. 『피렌체사』는 1520~1527년 사이에 완성되었는데 그 책에서 그는 1492년 로렌초 대군(大君)이 죽을 때까지의 피렌체 역사를 이탈리아 전체의 역사적 맥락 속에서 살피고 있다.

관련서

기타 저작 소개

니콜로 마키아벨리, 『군주론』, 강정인 · 문지영 공역, 까치사, 2003.

　　이 책의 소재이자 주제인 마키아벨리의 『군주론』에 대해서
는 더 이상 논하지 않겠다. 다만 이 책에 서술된 '고전 해
설' 및 '고전 발췌'는 저자가 번역한 『군주론』을 주요 대본
으로 하였다는 점을 밝혀둔다.

**니콜로 마키아벨리, 『로마사 논고』, 강정인 · 안선재 공역, 한길사,
2003.**

　　마키아벨리는 『로마사 논고』를 1513~1519년간에 걸쳐 집필

했으며, 이 책은 그가 죽은 지 4년이 지난 1531년에 비로소 출간되었다. 이 책은 마키아벨리가 칩거생활을 하는 기간에 오르티 오리첼라리에서 코시모 루첼라이(Cosimo Rucellai)가 주재하는 모임에 참가하여 일단의 인문주의자 및 공화주의자들을 사귄 것이 계기가 되어 집필된 저작이라 할 수 있다. 특히 공화주의자들과 친밀한 관계를 맺음으로써 마키아벨리는 리비우스(Titus Livius)의 『로마사 *History*』의 처음 열 권에 대한 논평서인 『로마사 논고 *Discorsi sopra la prima deca di Tito Livio*; *Discourses on the First Ten Books of Titus Livius*』를 쓰기로 결심했기 때문이다.

『로마사 논고』를 관통하고 있는 핵심적인 질문은 다름 아닌 '무엇이 로마공화정으로 하여금 그토록 위대한 제국을 건설토록 하였는가?' 이다. 궁극적으로 이에 대한 마키아벨리의 대답은 하나의 문장, 즉 '도시들은 오직 자유로운 상태에서만 영토나 부가 증대해왔다' 는 주장으로 압축될 수 있다. 곧 인민이 국가를 직접 다스리게 되면 그 국가는 매우 단기간에 거대하게 성장하고 위대함을 성취할 수 있다는 것이다. 이 책에서 마키아벨리는 로마공화정이 그처럼 위대한 제국을 건설하는 데 성공한 원인을 밝히기 위해 로마의 정치적 · 군사적 제도와 대외정책을 상세히 분석하고 있다. 따라서 『로마사 논고』에는 공화주의자로서의 마키아벨리의 신념이 다른 어느 저술에서보다도 명백히 표현되어 있다. 이 저서는 여러 면에서 정치 철학에 관한 마키아벨리의 가장 독창적인 저술로 평가받고 있다.

니콜로 마키아벨리, 『피렌체사』.

『피렌체사』는 1520년 11월 마키아벨리가 메디치가로부터 피렌체의 역사에 대해 저술해 달라는 공식적인 임무를 부여받고 집필한 책으로서 1525년에 그 집필이 완료되었으나, 실제 출간은 그가 죽은 지 5년이 되는 1532년에 이루어졌다. 『피렌체사』는 당대의 인문주의적 역사 서술의 기본적 원칙에 따라 집필되었는데, 그 원칙이란 역사서는 도덕적 교훈을 가르쳐야 한다는 것과 저술에 사용되는 사료들도 본래의 교훈을 가장 효과적으로 부각시킬 수 있는 방식으로 선택되고 편집되어야 한다는 것이다.

『피렌체사』는 전반적으로 쇠락과 멸망이라는 주제를 중심으로 구성되며, 여기서 가장 중요한 화두는 부패이다. 즉, 마키아벨리는 어떻게 부패의 사악한 영향력이 피렌체를 엄습하여, 도시의 자유를 교살하고 궁극적으로 전제(專制)와 오욕의 상태로 떨어지게 하였는가를 묘사하고 있다. 1권은 서로마 제국의 붕괴와 야만족들의 이탈리아 침략을 기술하고 있다.

1권의 후반부와 2권의 서두에서는 로마의 폐허 위에서 탄생한 새로운 도시국가와 새로운 지배세력들이 비르투를 발휘해서 어떻게 이탈리아를 해방시켜 자유롭게 만들고 야만족들로부터 이탈리아를 방어했는지를 서술하고 있다. 이러한 다소간의 짧은 성공의 시기를 묘사한 후 마키아벨리는 책의 나머지 부분 전체를, 즉 2권의 중간부터 1490년대에 이르는 8권의 결말부까지를 점진적인 부패와 붕괴의 역사로 기술한다.

최악의 사태는 결정적인 굴욕이 발생했던 1494년에 이르러 그 절정에 달한다. 이탈리아는 일찍이 성공적으로 축출했던 야만족들의 지배 하에서 다시 노예상태로 전락하고 말았던 것이다. 『피렌체사』의 마지막 부분에서 마키아벨리는 메디치가 지배 하의 피렌체를 논할 때, 그 가문에 대한 자신의 반감을 애써 숨기려 하지 않는다. 그는 메디치가가 피렌체의 시민들을 철저하게 부패시킨 나머지 피렌체에서는 자유에 대한 욕구마저 더 이상 찾아볼 수 없게 되었다고 역설하고 있다.

니콜로 마키아벨리, 『전술론』.

『전술론』 역시 마키아벨리가 오르티 오리첼라리에서 코시모 루첼라이를 비롯한 일단의 인문주의자 및 공화주의자들과의 토론에 참여한 성과 중의 하나로 집필되어 1521년 그의 생전에 출간되었다. 따라서 『전술론』의 주요 주제는 군사적 전략과 전술이라 할 수 있다. 이 책은 오르티 오리첼라리에서 벌어진 대화의 형식으로 기술되어 있는데, 루첼라이가 논의를 시작하고 부온델몬티(Zanobi Buondelmonti)와 알라만니(Luigi Alamanni)가 주요 대화자의 역할을 한다.

니콜로 마키아벨리, 『마키아벨리와 에로스』, 곽차섭 편역, 지식의 풍경, 2002.

현대 이탈리아 지성사와 사학사 전반에 걸쳐 폭넓은 관심을 갖고 있고, 르네상스 당시 이탈리아 역사를 전문적으로 연구해 온 곽차섭 교수(부산대학교 사학과)가 마키아벨리의 유명한 희곡 3편—「만드라골라」, 「클리치아 *Clizia*」, 「벨파고르 이야기 *Favola*」—과 마키아벨리가 친구들에게 보낸 편지 일부를 우리말로 옮긴 것이다. 특히 마키아벨리의 대표적인 희곡작품인 「만드라골라」는 젊은 청년이 『군주론』의 한 주제인 '속임수' 및 '기만'을 적절히 활용하여 자신이 사랑하는 '한 유부녀를 손에 넣는'(남성중심적 표현이기에 수정한다면, '한 유부녀에게 접근하는') 과정을 박진감 있게 그려내고 있기에 독자들에게 일독을 권할 만하다.

더 읽어야 할 책들

강정인 편역, 『마키아벨리의 이해』, 문학과 지성사, 1993.

이 책은 역자가 옥스퍼드대학교에서 '고전 사상가 이해 총서'의 일환으로 출간된 스키너의 『마키아벨리』, 셸던 윌린의 『정치와 비전 *Politics and Vision*』의 마키아벨리에 관한 장 및 마키아벨리의 유명한 희곡 「만드라골라」를 우리말로 옮겨 편집한 책이다. 스키너의 『마키아벨리』는 시공사에서 2001년 (신현승 역)에 재출간되었다.

곽차섭, 『마키아벨리즘과 근대 국가의 이념』, 현상과 인식, 1996.

이 책은 곽차섭 교수가 마키아벨리즘과 유럽 근대국가 사이의 관계를 16세기 말에서 17세기 중반까지 유럽 대륙을 풍미한 '국가이성(Ragion di Stato)' 논쟁과 '타키투스주의(tacitismo)'라는 사상적 흐름을 통해 살펴본 저작이다. 국가이성은 국가 목적의 달성에 필요한 수단들을 찾아내는 통치 원리를 지칭한다. 타키투스주의란 16~17세기 유럽의 정치 저술가들이 로마의 역사가 타키투스의 역사서에 나타나는 로마 황제와 정치가들의 행적을 연구함으로써, 구체적인 역사적 사례들로부터 통치의 일반적 행위규범이나 처세에 필요한 지침을 이끌어 내려던 경향을 일컫는다. 이 책의 목적은 마키아벨리즘이 16~17세기 유럽에서 국가이성 논쟁과 타키투스주의라는 두 사상적 조류를 매개로 하여 절대주의로 표현된 근대 국가의 발전에 이념적으로 어떠한 기여를 했는가를 살펴보는 데 있다.

로베르토 리돌피, 『마키아벨리 평전』, 곽차섭 역, 아카넷, 2000.

15~16세기 피렌체의 사상과 문화에 관해 독보적인 연구 업적을 남긴 리돌피가 집필한 저작으로서 마키아벨리에 대한 20세기 최고의 전기로 평가받고 있다. 이 책에서 마키아벨리는 현실 정치라는 냉혹한 이익의 각축을 과학적으로 관찰하는 데 흥미를 느끼면서도, 동시에 그것을 언제나 예술가와 시인의 즉흥성과 열정 및 이상 속에 녹여내는 묘한 성품을 지니고 있던 인물로 묘사된다.

아울러 이 책은 종래 열띤 학술적 논쟁이 되어온 이른바 '마키아벨리의 수수께끼'에 대한 새로운 해석을 제시한다. 그 논쟁이란 마키아벨리의 행적과 저술의 모순된 측면을 놓고 그가 공화주의자(반메디치파)인지, 아니면 군주정 옹호자(친메디치파)인지를 놓고 전개된 것을 지칭한다. 외견상의 이러한 모순에 대해 리돌피는 마키아벨리가 피렌체를 사랑하는 것만큼이나 공화주의를 옹호한 것은 사실이지만, 스스로를 파당에 관계없이 펜과 재능으로 국가에 봉사하는 문관으로 자임한 데서 온 결과라고 풀이한다. 따라서 리돌피는 마키아벨리 사상의 일관성을 오히려 덕(비르투)과 운명(포르투나)의 대결로 압축되는 그의 세계관에서 찾아야 한다고 주장한다.

박상섭, 『국가와 폭력 : 마키아벨리의 정치 사상 연구』, 서울대학교 출판부, 2002.

유럽에서 서양식 근대국가의 형성과정에 깊은 관심을 갖고 다년간 이 주제를 연구해 온 박상섭 교수(서울대학교 외교학과)가 오랜 연구 끝에 내놓은 마키아벨리 사상에 대한 역작이다. 이 책에서 저자는 마키아벨리 사상에서 오늘날 근대국가라는 개념으로 부르는 새로운 국가유형의 출현에 상응하는 국가의 새로운 개념화를 위한 선구자적 작업의 시도를 발견·부각시키는 데 자신의 노력을 집중하고 있다. 종래 마키아벨리의 정치 사상에 대한 연구는 그가 군주주의자인가, 공화주의자인가 하는 논쟁, 그 사상의 현실주의적·비도덕적(amoral ; 부도덕과 구분되는) 성격을 둘러싼 논쟁, 맥락주의적 접근을 통해 마키아벨리 사상의 공화주의적 성격을 부각시키려는 노력을 중심으로 진행되어 왔다. 이에 대해 저자는 마키아벨리 사상에 대한 기존의 일반적 논의들이 마키아벨리가 필생의 관심을 가졌던 정치학의 더 원초적인 기본문제, 즉 폭력과 권력의 문제를 역사상 처음으로 정치학 담론의 중심문제로 부각시켰다는 점을 놓치고 있다고 비판한다.

곧 그 자체로는 정당화되기 어려운 단순한 폭력이 국가라는 공공조직에 의해 보유되고 이것이 공공의 목적을 위한 수단으로 사용됨으로써 공권력으로 변화하는 과정의 문제, 이러한 폭력적 요소의 기반 없이는 지속적으로 존재할 수 없는 국가질서의 문제 등이 당연히 중심문제가 되어야 함에도 불구하고, 전통적 방식의 정치이론은 이 문제를 다루지 않고 있는 한계를 갖고 있다는 것이다. 이 책은 그 전반부에서 마키아벨리의 생애, 주요 저작의 중심내용 및 마키아벨리가 살았던 시대적 배경을 충실히 소개하고 있기 때문에 마키아벨리 사상에 생소한 독자들에게는 좋은 안내서가 될 것이다.

루이 알튀세르, 『마키아벨리의 고독』, 김석민 역, 새길, 1992.

프랑스의 철학자 알튀세르가 몽테스키외, 루소, 헤겔과 마르크스의 관계, 스피노자, 마키아벨리에 관해 쓴 논문 및 강연을 모은 책이다. 번역 원서의 서지사항을 밝히지 않아 잘 모르겠지만, 역자는 마키아벨리에 대한 논문의 제목을 책 전체의 제목으로 삼아 『마키아벨리의 고독』으로 붙인 것 같다. 알튀세르는 마키아벨리 사상을 군주주의자로 볼 것인가, 아니면 공화주의자로 볼 것인가 하는 종래의 양자택일적 이분법적 논쟁을 거부하고 마키아벨리 사상에서 '군주주의' 와 '공화주의' 의 측면을 (마키아벨리가 염원한) 이탈리아에서의 통일된 민족국가 형성을 위한 단계적 계기로 파악하고 있다.

알튀세르는 마키아벨리의 사상이 여러 가지 이분법적 범주의 어느 하나에 속하는 것으로 쉽게 분류될 수 없고, 또 그의 사상이 역사적으로 제대로 잘 이해되지 않았다는 점, 곧 마키아벨리 사상의 '생소함' 을 강조하기 위해서 마키아벨리의 '고독' 을 논하고 있는데, 이탈리아의 공산주의자 그람시가 『군주론』을 이해한 연장선상에서 마키아벨리의 사상에 접근하고 있다.

진원숙, 『마키아벨리와 국가이성』, 신서원, 1996.

서양 근대, 특히 르네상스 시대의 이탈리아 역사와 정치에 깊은 관심을 기울여 온 진원숙 교수(계명대학교 사학과)가 마키아벨리의 정치 철학을 분석한 저작으로서, 마키아벨리의 정치 철학에 관하여 국내학자가 집필한 저작 중에서 가장 종합적이고 깊이 있는 저술로서 마키아벨리의 정치 철학에 대한 국내 학계의 값진 연구성과라 할 수 있다. 앞에서도 자주 언급된 것처럼 이 책 역시 『군주론』에 나타난 군주주의자로서의 마키아벨리와 『로마사 논고』에 나타난 공화주의자로서의 마키아벨리 정치 철학의 이율배반적인 정치 철학의 일관성을 탐구하고 있다. 이 주제에 깊이 있게 접근하기 위해 저자는 15~16세기 이탈리아의 역사적 배경, 마키아벨리의 생애, 마키아벨리 정치 철학의 이론적 토대들을 자세히 검토하고, 마키아벨리의 저작에서 『군주론』과 『로마사 논고』 간의 관계를 분석한 후, 최종적으로 마키아벨리의 정치 철학에 대한 역사적 평가를 시도하고 있다. 마지막으로 부록에 수록된 마키아벨리가의 가계(家系), 메디치가의 가계, 마키아벨리 시대의 연표 등은 마키아벨리가와 메디치가 및 당대의 역사적 사건에 대하여 유익하고 귀중한 정보를 제공해주고 있다.

도움 받은 글

강정인 편역,『마키아벨리의 이해』, 문학과지성사, 1993.

강정인,「서양 근대 정치 사상의 탄생 : 마키아벨리의 현실주의」『계간 사상』(봄) 11:1, 1999.

강정인,『서구 중심주의를 넘어서』, 아카넷, 2004.

곽차섭,「마키아벨리즘」『서양의 지적 운동』, 김영한 · 임지현 편, 지식산업사, 1994.

곽차섭,『마키아벨리즘과 근대 국가의 이념』, 현상과인식, 1996.

마키아벨리, 니콜로,『군주론』, 강정인 · 문지영 공역, 까치, 2003.

마키아벨리, 니콜로,『로마사 논고』, 강정인 · 안선재 공역,

한길사, 2004.

세이빈, 조지 · 솔슨, 토마스, 『정치 사상사1』, 성유보 · 차남희 공역, 한길사, 1997.

스키너, 퀜틴, 「마키아벨리」『마키아벨리의 이해』, 강정인 편역, 1993.

앙글로, 시드니, 「니콜로 마키아벨리: 정치적 · 군사적 쇠락의 해부」『서양 정치 사상』, 브라이언 레드헤드 엮음, 황주홍 역, 문학과지성사, 1993.

월린, 셸던, 「마키아벨리의 정치 사상: 정치 그리고 폭력의 경제학」『마키아벨리의 이해』, 강정인 편역, 1993.

헤일, J. R. 「마키아벨리와 자급자족 국가」『서양 근대정치 사상』, D. 톰슨 엮음, 김종술 역, 서광사, 1990.

Dietz, Mary G. "Trapping the Prince: Machiavelli and the Politics of Deception." *The American Political Science Review* 80:3(September), 1986. 777~799.

Gerth, H.H. and Mills, C. Wright eds. *From Max Weber*. New York: Oxford University Press. 1958.

Hirschman, Albert O. *The Passions and the Interests*. Princeton: Princeton University Press. 1977.

Lummis, C. Douglas. "Political Theory: Why It Seems

Universal, but Isn' t Really." *Futures* 34, 2002. 63~73.

Machiavelli, Niccolò. *The Chief Works and Others*. trans. Allan Gilbert. Vol. One. Durham : Duke University Press. 1965.

Pitkin, Hanna F. *Wittgenstein and Justice*. Berkeley : University of California Press. 1972.

Pitkin, Hanna F. *Fortune Is a Woman*. Berkeley and Los Angeles, University of California Press. 1984.

Skinner, Quentin. "Introduction." Skinner and Russel Price, eds., *The Prince*, ix-xxiv. Cambridge : Cambridge University Press. 1988.

마키아벨리 연보

1469년

5월 3일. 피렌체에서 출생.

1481년

11월. 파올로 다 론시글리온(Paolo da Ronciglione)의 학
교를 다니기 시작함.

1480년대 말

아마도 이 시기에 피렌체 대학에서 마르첼로 아드리아니
(Marcello Adriani)에게 강의를 받음.

1498년

6월. 대위원회에서 피렌체공화국의 제2장관으로 인준됨.

7월. 10인 전쟁위원회의 비서로 선출됨.

11월. 10인 전쟁위원회를 대표하여 마키아벨리가 수행한 외교사절로서의 일련의 임무 중 최초의 활동으로 피옴비노(Piombino)의 통치자에게 파견됨.

1499년

7월. 카테리나 스포르차-리아로(Caterina Sforza-Riaro)에게 파견됨.

1500년

7~12월. 프랑스의 루이 12세 궁정에 파견됨.

1501년

마리에타 코르시니와 혼인함(슬하에 여섯 아이를 두게 됨).

12월. 보르자를 수행하여 체세나와 세니갈리아에 감.

1503년

1월. 보르자의 궁정으로부터 돌아옴.

4월. 시에나(Siena)의 군주인 판돌포 페트루치(Pandolfo Petrucci)에게 파견됨.

10~12월. 율리우스 2세의 선출을 참관 · 보고하기 위해 로마의 교황청에 파견됨.

1504년

1~2월. 루이 12세의 궁정에 두 번째로 파견됨.

7월. 판돌포 페트루치에게 두 번째로 파견됨.

1505년

12월. 마키아벨리가 피렌체의 시민군을 재건하기 위해 제안한 계획이 잠정적으로 승인됨.

1506년

1월. 피렌체 북쪽의 무겔로(Mugello)에서 시민군의 충원을 도움.

8~10월. 교황청에 두 번째로 파견됨. 율리우스를 수행하여 비테르보(Viterbo)에서 오르비에토(Orvieto), 페루자(Perugia), 우르비노(Urbino), 체세나 및 이몰라(Imola)에 감.

12월. 위원회는 9인의 시민군위원회를 창설하고 마키아벨리를 그 비서로 임명함.

1507년

12월. 막시밀리안 황제의 궁정에 파견됨.

1508년

6월. 황제의 궁정에서 돌아옴.

1510년

6~9월. 루이 12세의 궁정에 세 번째로 파견됨.

1511년

9월. 루이 12세의 궁정에 네 번째로 파견됨.

1512년

8월. 스페인 군대가 피렌체 영토를 공격하고 프라토

(Prato)를 약탈함.

9월. 피렌체가 항복함. 메디치가(家)가 복귀하고 공화정이 해체됨.

11월. 마키아벨리는 장관직에서 해임되고(7일), 피렌체 영내 거주 1년형을 선고받음(10일).

1513년

2월. 반(反)메디치가의 음모에 가담한 혐의로 기소되어 고문 및 재판을 받고 투옥됨.

3월. 감옥에서 석방됨(11일).

4월. 피렌체 남쪽에서 7마일 떨어진 산트 안드리아(Sant' Andrea)의 농장에 은둔함.

7(?)-12월. 『군주론』의 초고를 집필함.

1515년경

코시모 루첼라이가 주재하는 피렌체의 오르티 오리첼라리에 있는 토론 그룹에 자주 참여하기 시작했음. 『로마사 논고』를 루첼라이에게 헌정하면서 마키아벨리는 그 책이 루첼라이의 간청에 의해서 집필되었으며 그들의 모임에서 논의되었음을 암시함.

1518년

「만드라골라」를 집필함.

1518년 또는 1519년

『로마사 논고』를 완성함.

1520년

『전술론』과 『카스루치오 카스트라카니 다루카의 생애 *La vita di Castruccio Castracani da Lucca*』를 집필함.

11월. 추기경 줄리오 데 메디치[나중에 교황 클레멘트 (Clement) 7세가 됨]로부터 피렌체의 역사를 기술해 달라는 위촉을 받음.

1521년

『전술론』을 출간함.

1525년

5월. 교황 클레멘트 7세에게 완성된 『피렌체사』를 바치기 위해 로마를 방문함.

1526년

「만드라골라」를 교정하고 추가함.

1527년

6월. 서거(21일). 피렌체의 산타 크로체에 매장됨(22일).

1531년

『로마사 논고』가 출간됨.

1532년

『군주론』과 『피렌체사』가 출간됨.

1) 이하에서는 『로마사 논고』를 편의상 『논고』로 칭하도록 하겠다.

2) 이하의 논의는 디어츠(Dietz 1986)의 요약과 해석에 의존한 바가 크다.

3) 이하의 『군주론』에 관한 논의는 Skinner(1988)를 발췌 · 번역한 것임을 밝혀 둔다.

4) 마키아벨리 사상에서 '비르투' 개념에 대해서는 나중에 자세히 논할 것이다.

5) 이 글에서 자세히 논하지 않겠지만, '국가이성'은 넓은 의미에서 국가적 행위의 판단 기준으로서의 이성, 곧 국가 목적의 달성에 필요한 수단들을 찾아내는 통치원리를 뜻한다. 국가이성을 둘러싼 논쟁은 타키투스주의—타키투스(Tacitus)의 역사서를 분석함으로써 구체적인 사례들로부터 통치의 일반적인 행위규범이나 처세에 필요한 지침을 이끌어 내려던 지적 사조—와 더불어 16세기 말부터 17세기 중반까지 유럽 대륙을 풍미하였다. 국가이성 논쟁과 타키투스주의는 본질적으로 마키아벨리가 직면했던 문제의식—곧 정치와 도덕의 상충된 요구 속에서 군주가 어떻게 국가를 보존해 나갈 것인가—과 동일한 문제의식을 공유하였다. 그러나 마키아벨리의 사상이 그 부도덕성으로 인해 공개적으로 비판받고 금압됨에 따라, 그 문제의식을 다소 다른 형식을 통해 접근함으로써 도덕적 비난을 회피하는 한편, 절대주의로 표현된 근대 국가의 발전에 이념적으로 기여하였다(곽차섭 1996, 14~19). 곧 마키아벨리즘은 17세기에 국가이성 논쟁과 타키투스주의라는 두 사상적 조류를 매개로 하여 근대 유럽에 관철되었던 것이다.

6) 인용문의 한글 번역은 길버트의 영문본에 따라 다소 수정한 것이다(Machiavelli 1965, 38).

7) 일부의 예외는 by virtue of(~덕택에), virtuosity(기교, 묘기) 및 virtuoso(거장 또는 대가)와 같은 경우인데 이 경우에는 윤리적인 함의가 없다. 지금 논의한 덕 개념의 이중성 및 도덕화 현상은 우리말의 '좋음', 고대 그리스

에서의 '덕(arete)'의 개념 및 한자의 '선(善)' 및 '덕(德)'의 개념에서도 유사하게 발견된다.

8) 마키아벨리 사상에서 비르투 개념에 대한 좀더 상세한 해설은 『군주론』 「부록2」, 200~202쪽을 참조하라.

9) '포르투나'(fortuna)의 개념에 대한 소개로는 『군주론』 「부록2」, 202~206 참조.

10) 길버트(Gilbert) 영문본에 따라 한글본의 번역문을 다소 수정함(Machiavelli 1965, 90).

11) 길버트 영문본에 따라 한글본의 번역문을 다소 수정함(Machiavelli 1965, 90).

12) 후일 교황 클레멘트 7세(Clement VII)로 선출된다.

13) 이하의 논의는 '도움 받은 글'에 나오는 루미스(Lummis 2002)의 논의에 빚진 바가 크다.

14) 로렌초 대군(Lorenzo the Magnificent)이 아니라 피에로 데 메디치(Piero de' Medici)의 아들이자 교황 레오 10세(Leo X)의 조카를 말한다.

15) 곧 지배자에 대한 두려움을 말한다.

16) 대중이 아니라 약간의 권력이나 영향력이 있는 자들을 말한다.

17) 이들은 앞에서 말한 약소 세력들이었다.

18) 마케도니아의 Philippos 5세.

19) 『피렌체사(史)』, VII, 5에서 마키아벨리는 Cosimo de' Medici가 "신중한 사람으로 재난이 단지 싹트고 있을 때에도 이를 알아보았다. 따라서 그는 재난이 더 이상 자라는 것을 방지하거나 자신을 방어할 수 있는 충분한 시간을 확보할 수 있었기 때문에, 심지어 그것이 충분히 성숙되었을 때도 그에게 해를 입힐 수 없었다. 그 결과 그는 31년간이나 매우 어려운 국가를 다스렸다"고 언급한다.

20) 7인의 그리스 장군들 간의 내분으로 인해 궁극적으로 11개의 새로운 왕국이 출현했다.

21) 카이사르와 폼페이우스 간의 내전 기간 동안.

22) 펠로폰네소스 전쟁에서의 승리 이후에 스파르타인들은 B.C. 404년에 아테네에 소위 '30인 참주(the Thirty Tyrants)'의 통치를 실시했는데, 그 정부는 B.C. 403년에 Thrasybulus에 의해서 정복되었고, 민주제가 복원되었다.

23) 테베에 실시된 과두제는 단지 3년(B.C. 382~379) 동안 지속되었으며, Pelopidas와 Epaminondas에 의해서 전복되었다.

24) *Cyropaedia.*

25) 마키아벨리의 정치 형이상학에 대한 이해를 돕기 위하여 특별히 『로마사 논고』에서 두 부분을 발췌하였다.

26) 피렌체는 피사를 Gabriele Maria Visconti로부터 1405년에 구입했는데, 1406년에 피사가 반란을 일으켜 이를 진압했다. 그러나 1494년 샤를 8세의 침입으로 이탈리아 정세가 혼란에 빠진 틈을 타 피사를 다시 잃게 되었다.

27) 마키아벨리는 B.C. 6세기에 페르시아 제국이 satrapies(고대 페르시아의 태수 지배 구역)로 분할된 것을 암시하고 있다. 여기에서 그리스는 그리스 본토를 의미하는 것이 아니라 마키아벨리가 특별히 지칭하듯이 소아시아와 헬레스폰투스의 그리스 도시들을 말한다.

28) 곧 속임수 또는 배신을 말한다.

29) 며칠 후에 보르자는 Giovanni Bentivoglio와 화친을 맺도록 강제되었다.

30) 용병의 서비스를 사는 것.

31) 그 지도자들이 그렇다는 뜻이다.

32) Commynes(*Mémoires*, VII, 14)는 이러한 위트를 교황 알렉산더 6세에게로 돌린다. 그들은 거의 저항을 받지 않았기 때문에 병사들이 기숙할 집

들을 선정하는 것으로 족했다는 것이다.

33) 사보나롤라는 1494년 11월 1일 샤를 8세 앞에서 행한 설교에서 간음, 고리대금업, 잔인함과 같은 그러한 죄악들이 현재의 '시련'을 초래했다고 말했다.

34) 예컨대 용병에 의존했던 Ludovico Sforza, Piero de Medici, Frederick I of Aragon을 지칭한다.

35) 곧 Ferdinand the Catholic.

36) 프랑스 군을 말한다.

37) 스위스 군을 말한다.

38) 비잔틴 황제인 Joannes Cantacuzenus.

39) 곧 원군을 보낸 지배자.

40) Tacitus, *Annals*, XIII, 19. 위의 인용구는 타키투스의 기술과 약간 다르다.

41) 곧 체사레 보르자, 히에론, 샤를 7세 및 다윗을 말한다.

42) 비록 이 단어는 모세와 사보나롤라의 사례를 지적하지만, 그것은 단순히 신정일치의 통치자뿐만 아니라, 루소가 지적하듯이 모든 새로운 통치자를 지칭한다.

43) 마치 그들이 믿는 것처럼 행동하도록, 요컨대 복종하도록 강제해야 한다는 것이다.

44) 곧 그들로 하여금 그를 지지하도록 또는 적어도 그에게 반대하지 않도록 강제하는 데에 실패한 것을 말한다.

45) 알렉산데르는 죽었을 때 이미 70세가 넘었다. 따라서 여기에서 '단명'은 알렉산데르의 교황 재위기간이 짧았다는 사실을 지칭한다.

46) 곧 피해를 입지 않았지만 이를 두려워하거나 그에게 적의를 품은 자들에게.

47) 이 단락의 말미에서 명백해지듯이 하인은 물론 군인을 가리킨다.

48) Ludovico Sforza.

49) 정권의 변화를 암시한다.

50) 마키아벨리는 분명히 고대의 저술가들(예컨대 플라톤의 『국가』 및 지배자의 이상과 의무를 강조한 당대의 저술가들)을 지칭하고 있다.

51) 어떤 평자들은 (부도덕하게 행동하는 것을) '배워야 한다'라고 해석하기도 한다.

52) Vergilius, *Aeneid*, 563~564.

53) 거의 동시대의 글에서 마키아벨리는 정권이 바뀌면 죽은 친척은 되살아나지 않지만, 재산은 회복될 수 있다는 점을 모든 사람이 알고 있다고 말한다.

54) 곧 용병을 말한다.

55) 고국으로부터 멀리 떨어진 곳, 따라서 많은 스트레스를 받았다는 점을 암시한다.

56) Locri Epizephyrii는 Calabria에 있는 그리스 도시였다.

57) lo stato : 권력, 정부 또는 정치공동체.

58) Antonio Ciocchi da Montesansavino 또는 Antonio dal Monte로 알려진 인물을 말한다.

59) 아마도 머리를 자른 것을 의미하는 것 같다.

60) 곧 인색함을 말한다.

61) 명백히 다른 의미에서 '진정한' 관후함이다.

62) 곧 '관후한' 지배자로부터 무엇인가 이득을 기대했던 정신(廷臣)과 기타 인물들을 말한다.

63) 곧 뇌물을 통해서.

64) 루이 12세.

65) Ferdinand the Catholic.

66) Hercules, Theseus, Aesculapius 및 Jason.

67) 문자 그대로는 '당신이 누구인지 만져볼 수 있는 사람은 소수에 불과하다' 는 뜻.

68) 곧 권력의 실상을 경험하고 단순히 '볼' 뿐만 아니라, 외양에 의해서 현혹되지 않는 분별력 있는 소수를 말한다.

69) Ferdinand the Catholic을 말한다.

70) Justinus, XXIII, 4.

71) 덕(virtú) : 아가토클레스를 설명할 때에 마키아벨리는 이 단어를 여러 가지 의미로 사용한다. 통상 그것은 '활력(energy)', '기질(drive)', '능력(ability)', '용기(courage)' 를 의미한다. 그러나 여기에서는 적어도 '도덕적인 덕(moral virtue)' 이라는 의미를 띠고 있다.

72) virtú : 이는 아가토클레스가 virtú('능력', '활력' 또는 '용기' 의 의미에서)를 결여하고 있다는 것이 아니라, 그가 통치자가 된 것은 사악한 방법에 의해서였다는 것을 의미한다.

73) 곧 이탈리아의 침입이 시작된 1494년 이래.

74) 운명(fortuna)의 힘은 어느 나라에 얼마나 많은 덕(virtú)이 있느냐에 따라 다르다. 독일, 스페인 및 프랑스는 이 점에서 대책이 잘 마련되어 있는 반면, 이탈리아는 그렇지 못하다.

75) 곧 산골짜기를 흐르는 급류를 말한다.

76) 율리우스가 그랬던 것처럼.

77) 자신의 재산에 대한 사랑을 유발하는 자애심(自愛心)을 말한다.

78) Francesco Sforza는 Filippo Maria Visconti가 1447년에 죽은 후 수립된 단명에 그친 Ambrosian 공화국을 멸망시키고 1450년에 밀라노 공작이 되었다.

79) Ferdinand the Catholic.

80) 곧 공화국을 말한다.

81) 이 구절이 마키아벨리의 저작에서 그토록 유명한 행운(fortuna)과 덕 (virtú)의 대비가 처음으로 나오는 구절이다.

82) 『군주론』에는 당대 이탈리아에서 활동한 주요 인물들에 대한 소개와 평가의 내용이 다수 등장한다. 그 중 중요하게 고찰할 필요가 있는 인물들에 대한 마키아벨리의 서술을 아래와 같이 발췌하되, 앞에서 인용된 바 있는 행적은 중복을 피하기 위해서 거듭 발췌하지 않았음을 밝힌다.

83) 곧 설립된 국가나 정부를 말한다.

84) 곧 Giuliano della Rovere (Julius II), Giovanni Colonna, Raffaello Riario, Ascanio Sforza를 말한다. 본문에서 첫 번째와 세 번째 인물은 그들이 속한 교회의 칭호로 부른 것이다.

85) 루앙의 대주교인 Georges d' Amboise.

86) 율리우스 2세. 마키아벨리는 교황들의 활동 중에서 주된 업적에 관심이 있기 때문에 매우 단기간에 걸친 피우스 3세의 재위를 무시한다.

87) 대부분의 평자들은 율리우스의 성직매매 관행을 언급한다. 그러나 알렉산데르 역시 그 일에 관여하지 않은 것은 아니었다.

88) 이 점에서 그는 알렉산데르나 당시의 다른 교황과 구별된다.

89) Ferdinand the Catholic.

90) 루이 12세.

91) 정확하게는 재위기간을 말한다.

92) Luca Rinaldi.

93) di privata fortuna : 곧 그가 공적으로 유명한 가문에 속하지 않았다는 말이다.

94) 시칠리아 전부가 아니라 그리스인이 살던 지역을 말한다.

95) Tiberius Sempronius Gracchus와 Gaius Sempronius Gracchus.

96) 여기에서 법률은 아마 좁은 의미로 이해되어서는 안 될 것이다. 오히려 마키아벨리는 '법'과 '관행'(또는 불문법)을 염두에 두고 있다. 요컨대 정치적, 사회적 응집력과 안정을 부여하는 광의의 법과 제도를 말한다.
97) 만약 군주국이 잘 방어되지 않으면, 그 내부 질서가 유지될 수 없기 때문이다.
98) 만약 '법'을 통상적인 의미로 이해한다면, 이는 허위이다(왜냐하면 어떤 나라이든 훌륭한 군대를 가지고 있지만, 비난받을 만한 또는 결함이 있는 법률체계를 가질 수 있기 때문이다). 그러나 좋은 법률이 '좋은 질서'라는 의미로 이해된다면, 마키아벨리의 입장은 강화된다.
99) Petrarch, *Italia mia (Ai Signori d' Italia)*, verses 93~96.

군주론

강한 국가를 위한 냉혹한 통치론

초판 발행 | 2005년 4월 30일
2쇄 발행 | 2007년 1월 26일

지은이 | 강정인 · 엄관용
펴낸이 | 심만수
펴낸곳 | (주)살림출판사
출판등록 | 1989년 11월 1일 제9-210호

주소 | 413-756 경기도 파주시 교하읍 문발리 파주출판도시 522-2
전화 | 031)955-1350   기획·편집 | 031)955-1364
팩스 | 031)955-1355
이메일 | salleem@chol.com
홈페이지 | http://www.sallimbooks.com

기획위원 | 강영안 · 정재서
책임편집 | 배주영 · 소래섭

ISBN 978-89-522-0354-0 04080
      978-89-522-0314-4 04080 (세트)

값 8,900원